OEUVRES

DE

MOLIÈRE

ILLUSTRATIONS

PAR

MAURICE LELOIR

LES FEMMES SÇAVANTES

1890

PARIS

CHEZ ÉMILE TESTARD, ÉDITEUR

18, RUE DE CONDÉ, 18

M D CCC XCVI

OEUVRES

DE

J.-B. P. DE MOLIÈRE

LES FEMMES SÇAVANTES

JUSTIFICATION DU TIRAGE

Il a été fait pour les Amateurs un tirage spécial sur papier de luxe à 550 exemplaires, numérotés à la presse.

			NUMÉROS
125 exemplaires		sur papier du Japon.	1 à 125
75	—	sur papier de Chine.	126 à 200
150	—	sur papier Vélin à la cuve.	201 à 350
200	—	sur papier Vergé de Hollande.	351 à 550

LES
FEMMES SÇAVANTES

COMEDIE

Maurice Lelour inv.   Emile Testard Editeur   Géry-Bichard sc.

LES FEMMES SAVANTES

Imp. Darcenbeuf, Paris

LES
FEMMES
SÇAVANTES

COMEDIE

PAR

J. B. P. MOLIERE

Et se vend pour l'Autheur

A

PARIS,

Au Palais, &

CHEZ PIERRE PROM

SUR LE QUAI DES GRANDS AUGUSTINS

A LA CHARITÉ

OEUVRES

DE

MOLIERE

ILLUSTRATIONS
PAR
MAURICE LELOIR

NOTICE
PAR
T. DE WYZEWA

LES FEMMES SÇAVANTES

1890

PARIS

CHEZ ÉMILE TESTARD, ÉDITEUR

18, RUE DE CONDÉ, 18

M D CCC XCVI

NOTICE

SUR LES

FEMMES SÇAVANTES

I ces brèves notices devaient être consacrées à l'appréciation critique des pièces qu'elles précèdent, celle-ci serait assurément la plus brève de toutes. Il me suffirait en effet d'y répéter, à mon tour, ce que tant de juges plus autorisés ont, depuis deux siècles, affirmé et prouvé : que les *Femmes sçavantes* sont le chef-d'œuvre de Molière. Il n'y a pas, on le sait, une seule des qualités de ses ouvrages antérieurs qui ne s'y retrouve, fortifiée encore et comme épurée. L'action, d'une simplicité toute classique, est en même temps la plus vivante, la plus touchante, et la plus amusante qu'on puisse désirer dans une comédie ; le vers, élégant et ferme, pas une fois ne contrarie le naturel du dialogue ; et tous les caractères sont d'un relief si net, et tous les sentiments d'une vérité si humaine, que je ne crois pas qu'il existe dans aucune littérature une œuvre plus *parfaite*, je veux dire qui réalise plus absolument toutes les conditions de son genre. Qu'on jette les yeux, par exemple, sur la liste des personnages : de Chrysale, sa femme et ses deux filles, à la suivante Martine et au valet de Vadius, ce sont tous à la fois des *types* d'une signification éternelle, et d'incomparables *espèces*, dont les noms évoquent aussitôt devant nous une figure, un costume, des attitudes, des gestes, jusqu'à un son de voix qu'il nous semble entendre. Qui ne s'est fait, pour son

XXX.   *a*

usage, un portrait en pied de l'impérieuse Philaminte, de Bélise, du
pédant Vadius « vêtu de noir et parlant d'un ton doux » ? Et qui n'a
point rêvé du clair sourire d'Henriette ?

Ainsi tout mon jugement sur les *Femmes sçavantes* pourrait tenir en
une ligne; mais c'est au contraire un volume entier qu'il me faudrait
pour énumérer, confronter, et discuter les documents innombrables qui
nous sont parvenus touchant les origines et l'histoire de cette glo-
rieuse comédie. Peut-être n'y a-t-il aucune des grandes pièces de Molière
qui, de son temps, ait donné lieu à plus d'*ana*, ni provoqué par la suite
plus d'explications et de commentaires. Et il n'y en a point, avec tout
cela, sur laquelle nous possédions moins de renseignements certains, et
dont l'histoire véritable nous reste plus cachée : effet lamentable, —
mais, hélas ! trop fréquent — d'une documentation excessive. Car les
ana se contredisent, les témoignages des contemporains débordent d'er-
reurs, les soi-disant souvenirs se trouvent n'être, en fin de compte, que
d'ingénieuses fantaisies; et l'on peut juger de ce qu'ont encore ajouté
d'obscurité et de confusion, à un problème déjà si difficile, deux siècles
de commentaires uniquement fondés sur ces *ana* inexacts, ces faux témoignages, et ces souvenirs mensongers. De telle sorte qu'à force d'avoir été
renseignés, nous en sommes arrivés à ne plus rien savoir de positif et
d'incontestable sur les circonstances qui ont précédé, accompagné, et
suivi la naissance de l'un des chefs-d'œuvre de notre théâtre classique; ou
plutôt nous sommes obligés de choisir un peu au hasard, parmi la masse
des affirmations contraires, celles qui nous paraissent les plus vraisem-
blables, sans tenir compte des arguments qu'on n'a point manqué de
soulever contre elles. Toute certitude plus catégorique nous est, jusqu'à
nouvel ordre, interdite.

En veut-on quelques preuves, entre des centaines qui s'offrent à
nous? « Ce qui est bien certain, écrivait tout récemment un moliériste
des plus érudits, c'est que Ménage, faisant peut-être contre fortune bon
cœur, ne voulut pas se sentir touché, et que, questionné sur ce point par
Mme de Rambouillet, qui lui disait : « Souffrirez-vous que cet imper-
« tinent de Molière nous joue de la sorte? » il répondit : « Madame,
« j'ai vu la pièce, elle est parfaitement belle, on n'y peut rien trouver ni
« à redire ni à critiquer. » Et, de fait, l'histoire avait de grandes chances

d'être certaine, nous étant affirmée notamment par un des plus fameux recueils d'*ana* du XVIIIe siècle. Mais le malheur est que Mme de Rambouillet était morte depuis six ans lorsque furent jouées les *Femmes sçavantes*, et qu'ainsi il lui aurait été particulièrement difficile de se reconnaître dans Philaminte, et de deviner Ménage sous les traits de Vadius.

Prenons maintenant des témoignages plus anciens, plus voisins de Molière. De la trentaine de lignes que Voltaire a consacrées aux *Femmes sçavantes*, il n'y en a pas dix qui ne soient sujettes à caution. Voltaire se trompe quand il affirme que la pièce « fut reçue d'abord assez froidement », mais « qu'un mot du roi lui donna les suffrages de la cour »; car il semble bien, au contraire, que la pièce ne fut jouée à la cour qu'une seule fois, le 17 septembre 1672, après avoir été jouée dix-neuf fois, avec grand succès, sur la scène du Palais–Royal. Et Voltaire se trompe encore (ou du moins de nombreux témoignages s'élèvent contre lui) quand il affirme que Ménage et Cotin « avaient voulu persuader au duc de Montausier que le *Misanthrope* était fait contre lui » et que « quelque temps après, ils avaient eu chez Mademoiselle, fille de Gaston de France, la scène que Molière a si bien rendue dans les *Femmes sçavantes*». Il se trompe quand il dit que « Trissotin était appelé aux premières représentations Tricotin »; quand il dit que « Cotin fut si accablé de ce coup qu'il tomba dans une mélancolie qui le conduisit au tombeau ». Peut-être, en effet, Molière, avant d'avoir achevé sa pièce, avait-il eu l'idée de donner à son pédant le nom de Tricotin; mais tout fait croire que dès la première représentation il l'a appelé Trissotin. Et l'abbé Cotin, tout en ressentant comme il convenait le coup qui lui était asséné, n'en a pas moins continué à vivre, et même à écrire, témoin le sonnet qu'il publiait encore dans le *Mercure de France* en juillet 1678, cinq ans après la mort de Molière.

Autres exemples : Grimarest, le premier biographe de Molière, fixe la représentation des *Femmes sçavantes* au 11 mai 1672, et c'est lui qui raconte que, sans l'appui du Roi « la pièce seroit peut-être tombée ». Or elle fut jouée le 11 mars, et les premières recettes attesteraient plutôt un très vif succès. D'après les *Ménagiana*, la scène de Vadius et de Trissotin se serait passée entre Cotin et Ménage; d'après les *Bolæana*, entre Cotin et Gilles Boileau. Le *Mercure de France* donne pour première interprète du rôle de Martine « une servante de Molière qui portoit ce nom »; or Molière n'a jamais eu de servante de ce nom, et tout concourt à faire admettre que le rôle de Martine fut créé par Mlle Beauval, la Nicole du *Bourgeois gentilhomme*. Ainsi la contradiction reparaît à chaque pas ; et si haut que l'on remonte en quête de renseignements, force est toujours de choisir entre des versions opposées.

Deux ou trois faits, au plus, semblent hors de doute. D'abord, la date de la première représentation, fixée par le fameux *Registre* de La Grange au « vendredi onzième mars 1672 ». Puis le nombre des représentations : vingt-six jusqu'à la mort de Molière, y compris une représentation à Saint-Cloud chez Monsieur, et une à Versailles. Nous savons encore que Molière tenait lui-même le rôle de Chrisale, car l'inventaire de 1673 mentionne « un habit servant à la représentation des *Femmes sçavantes*, composé de juste-au-corps et haut-de-chausse de velours noir et ramage à fond aurore, la veste de gaze violette et or, garnie de boutons, un cordon d'or, jarretières, aiguillettes et gants », le tout « prisé vingt livres ». Enfin le sonnet et le madrigal prêtés à Trissotin sont bel et bien des poèmes authentiques de l'abbé Cotin, car ils figurent textuellement dans l'édition des *Œuvres galantes en prose et en vers* de l'abbé, publiées en 1663, à Paris, chez Estienne Loyson. Mais voilà, me semble-t-il, les seuls points que nous puissions affirmer avec quelque assurance ; et sur tout le reste nous en sommes réduits à des conjectures.

Il y a cependant encore une autre vérité bien certaine : c'est que les *Femmes sçavantes* sont un chef-d'œuvre, dans quelques conditions que Molière les ait produites, et quoi qu'il en soit des motifs qui les lui ont inspirées. Cette vérité-là peut suffire à nous consoler de bien des incertitudes, et c'est autour d'elle qu'il conviendrait, je crois, de grouper les hypothèses dont elle s'accommode le mieux.

Essayons donc, en nous plaçant à ce point de vue, de raconter nous aussi l'histoire des *Femmes sçavantes*. Nous y aurons une fois de plus l'occasion d'observer à l'œuvre le génie de Molière.

Et d'abord, puisque les vers que Molière a prêtés à son odieux pédant sont bien des vers authentiques de l'abbé Cotin, c'est donc que l'auteur des *Femmes sçavantes* a eu expressément l'intention d'attaquer ce mauvais poète. D'où l'on peut conclure ensuite, selon toute vraisemblance, que Molière avait contre l'abbé Cotin des griefs personnels : car une simple antipathie littéraire ne suffirait pas à justifier l'emploi d'un procédé de polémique aussi vigoureux. Et en effet Molière avait plus d'un motif de rancune. Non seulement Cotin avait déclaré, dans sa *Critique désintéressée sur les satires du temps*, que tous les comédiens étaient « infâmes par les lois », et qu'on « ne pouvait leur dire rien de pis que leur nom »; mais il avait encore pris Molière à partie directement, dans cette *Satire des satires* dont il prétendit ensuite, il est vrai, n'être point l'auteur, mais où certainement Boileau et Molière n'ont pas hésité un instant à reconnaître sa main. On y lit, entre autres amabilités :

> *J'ai vu des mauvais vers, sans blâmer le poète,*
> *J'ai lu ceux de Molière, et ne l'ai point sifflé;*

ou encore celle-ci :

> *Sçachant l'art de placer chaque chose en son lieu,*
> *Je ne puis d'un farceur me faire un demi-dieu.*

Le « farceur » résolut de se venger, et rien ne nous empêche de croire qu'il ait été encore encouragé dans ce dessein par un autre des ennemis de Cotin, Boileau, à qui s'adressait tout particulièrement la *Satire des satires*. C'est Boileau qui, d'après les *Ménagiana*, « donna à Molière la scène où Vadius se brouille avec Trissotin »; et l'auteur ajoute que cette scène « s'était passée véritablement, entre Cotin et Ménage, chez M. B*** ». Les *Bolœana*, d'autre part, nous affirment que « la même scène s'était passée entre Gilles Boileau, frère du satirique, et l'abbé Cotin ». Le satirique, en tout cas, paraît avoir été des premiers à la connaître. C'est lui, peut-être, qui l'aura rapportée à Molière, comme doublement digne d'entrer dans une de ses comédies.

Quant à l'autre pédant, Vadius, on ne sait trop de quel autre écrivain du temps il a été la caricature, si c'est de Ménage, ou de Visé, ou de Gilles Boileau. Ménage, cependant, est à coup sûr celui des trois qui offre avec Vadius le plus d'analogie : sachant « du grec autant qu'homme de France »; auteur « d'églogues », dont on affirmait volontiers que leur style « passait en doux attraits Théocrite et Virgile » ; et enfin, toujours comme Vadius, plagiaire acharné « des Grecs et des Latins ». Molière d'ailleurs paraît l'avoir depuis longtemps détesté; car l'abbé Cotin, précisément, annonçait dès 1659, dans la préface de sa *Ménagerie,* la prochaine représentation, « chez Molière », de *Ménage hypercritique*, du *Faux sçavant*, et du *Pédant joué*, toutes pièces qui naturellement n'ont jamais vu le jour, et dont les titres même, sans doute, étaient de l'invention de l'abbé, mais dont avec tout cela l'idée ne lui fût point venue, s'il n'avait su sa haine pour Ménage partagée par Molière.

Ainsi la première intention de Molière paraît avoir été de se venger de deux mauvais écrivains, dont il avait eu naguère personnellement à se plaindre. Il aura d'abord voulu faire des *Femmes sçavantes*, suivant toute vraisemblance, une manière de pamphlet; et c'est ce que prouverait jusqu'à ce titre de *Trissotin* sous lequel il continuait à désigner sa pièce à la veille même de la représentation. M. Louis Mesnard cite en effet un fragment d'une lettre du 9 mars 1672 où Mme de Sévigné annonçait à sa fille que le samedi suivant son « cher cardinal » entendrait lire par Molière une « fort plaisante pièce » nommée *Trissotin*. Evidemment c'était Trissotin, ou plutôt l'abbé Cotin, qui, à l'origine, était apparu à Molière comme le principal personnage de la pièce. Et c'est ainsi que nous avons failli avoir une comédie qui aurait pu s'appeler à elle seule *Ménage hypercritique*, et le *Faux sçavant*, et le *Pédant joué*, selon la prédiction de l'excellent abbé, mais avec l'abbé lui-même dans le rôle du « pédant joué ».

Mais bientôt Molière, guidé par le sûr instinct qu'il portait en lui, s'aperçut qu'une vengeance personnelle ne pouvait fournir assez de matière à une comédie. Aussi bien avait-il à ce moment le désir de produire de nouveau une œuvre sérieuse et durable, après tant de ballets, de divertissements et de farces, après toutes ces pièces de circonstance où il avait dû s'employer. Peut-être même s'occupait-il à préparer son *Trissotin*, tandis qu'il improvisait *Psiché*, les *Fourberies de Scapin*, et la *Comtesse d'Escarbagnas*. Le privilège de la pièce est daté du 31 décembre 1670; et dans son compte rendu des *Femmes sçavantes*, Visé parle de « l'espérance qu'avoit donnée Molière, il y avait *tantôt quatre ans*, de faire représenter au Palais-Royal une pièce comique de sa façon qui fût tout à fait achevée ».

Et sans doute Molière se sera dit que, pour faire de sa comédie une œuvre « tout à fait achevée », il importait de lui donner un sujet plus général que la simple satire des ridicules de l'abbé Cotin et de Ménage, son ennemi. Nous savons du moins que le pamphlet d'abord projeté devint ensuite une peinture de mœurs, et qu'au lieu du « pédant joué » Molière mit en scène le monde des *femmes sçavantes*.

Celles-ci n'étaient, semble-t-il, que les *précieuses* de naguère ; et l'on a même pu soutenir que Molière, dans ses *Femmes sçavantes*, avait simplement repris et complété un tableau dont il nous avait donné « l'ébauche » dans ses *Précieuses ridicules*. Mais outre que les *Précieuses ridicules* sont, dans leur genre, une œuvre suffisamment « achevée », il suffit d'un coup d'œil pour voir que, d'une pièce à l'autre, une transformation s'était produite dans les manières des *précieuses*. Ces fâcheuses personnes, sans cesser d'être affectées dans leur langage, et éprises de bel esprit, étaient par surcroît devenues *sçavantes*. Descartes et les théories scientifiques avaient pris dans leur cœur une part de la place qu'y occupaient auparavant tout entière les Voiture et les Vaugelas. Mais l'on ne saurait d'ailleurs mieux définir ce changement de mode que ne l'a fait Molière lui-même, par la bouche de Philaminte, dans la seconde scène de l'acte III de ses *Femmes sçavantes* :

> *... Nous voulons montrer à de certains esprits,*
> *Dont l'orgueilleux sçavoir nous traite avec mépris,*
> *Que de science aussi les femmes sont meublées ;*
> *Qu'on peut faire comme eux de doctes assemblées,*
> *Conduites en cela par des ordres meilleurs ;*
> *Qu'on y veut réunir ce qu'on sépare ailleurs,*
> *Mesler le beau langage et les hautes sciences,*
> *Découvrir la nature en mille expériences,*
> *Et, sur les questions qu'on pourra proposer,*
> *Faire entrer chaque secte, et n'en point épouser.*

Voilà quel ridicule nouveau s'offrait, vers 1670, à l'observation du poète, et c'est là ce qu'il a entrepris de nous peindre, sans négliger la petite vengeance personnelle qui avait été son premier objet. Et de fait sa vengeance n'y a rien perdu ; mais qui ne voit aussi ce qu'y a gagné sa gloire poétique ?

Car non seulement les *Femmes sçavantes* nous présentent aujourd'hui une admirable peinture des mœurs de leur temps, fidèle, vivante, pleine de couleur et de caractère ; mais leur portée satirique est restée aussi forte, après deux siècles, qu'à l'époque même où elles furent écrites. Aujourd'hui encore, les salons sont peuplés de Philamintes et de Bélises, et d'Armandes et de Trissotins ; seule peut-être l'espèce des Henriettes y est devenue plus rare. Et aujourd'hui encore, par un miraculeux privilège, c'est la comédie de Molière qui nous encourage le plus effectivement à déplorer chez les femmes ce goût d'occupations plus que jamais indignes d'elles. Je sais qu'il s'est rencontré de nos jours quelques beaux esprits pour soutenir que les *Femmes sçavantes* avaient spécialement « vieilli » ; mais j'avoue que pour ma part elles me font au contraire l'effet d'avoir *rajeuni*, et d'être à présent, parmi toutes les comédies de Molière, celle qui conserve le mieux sa portée morale. Tartuffe a changé de figure, Alceste a pris d'autres mœurs, et Harpagon lui-même n'est plus ce qu'il était : tandis que Philaminte, Armande, et jusqu'à Bélise, si elles ne sont pas restées exactement telles que les a peintes Molière, c'est donc que leur ridicule a encore grossi. Elles ont adopté un autre langage, et se sont engouées d'autres pédantismes ; mais sous ces modifications extérieures le fond ne s'est point modifié ; et la satire de Molière les atteint au vif. Il est vrai qu'elle ne les guérit point de leur détestable travers. Hélas ! non, pour pénible que soit l'aveu : et je ne sais point de preuve plus décisive de l'impuissance des chefs-d'œuvre à réformer les défauts de l'humanité !

T. DE WYZEWA.

Extrait du Privilège du Roy.

Par Grâce et Privilège du Roy, donné à Paris le 31 Décembre 1670. Signé, Par le Roy en son Conseil, *Guitonneau.* Il est permis à I. B. P. Molière de faire imprimer, par tel Imprimeur ou tel Libraire qu'il voudra choisir, une Pièce de Théâtre de sa composition, intitulée *Les Femmes Sçavantes,* et ce pendant le temps et l'espace de dix ans, à compter du jour que ladite Pièce sera achevée d'imprimer pour la première fois. Et défenses sont faites à toutes Personnes, de quelque qualité et condition qu'ils soient, d'imprimer, ou faire imprimer ladite Pièce, sans le consentement de l'Exposant, ou de ceux qui auront droict de luy, à peine de six mil livres d'amende, et de tous despens, dommages et interests, ainsi que plus au long il est porté audit Privilège.

Registré sur le Livre de la Communauté le 13 Mars 1671.

Signé : L. Sevestre, Syndic.

Achevé d'imprimer le 10 Décembre 1672.

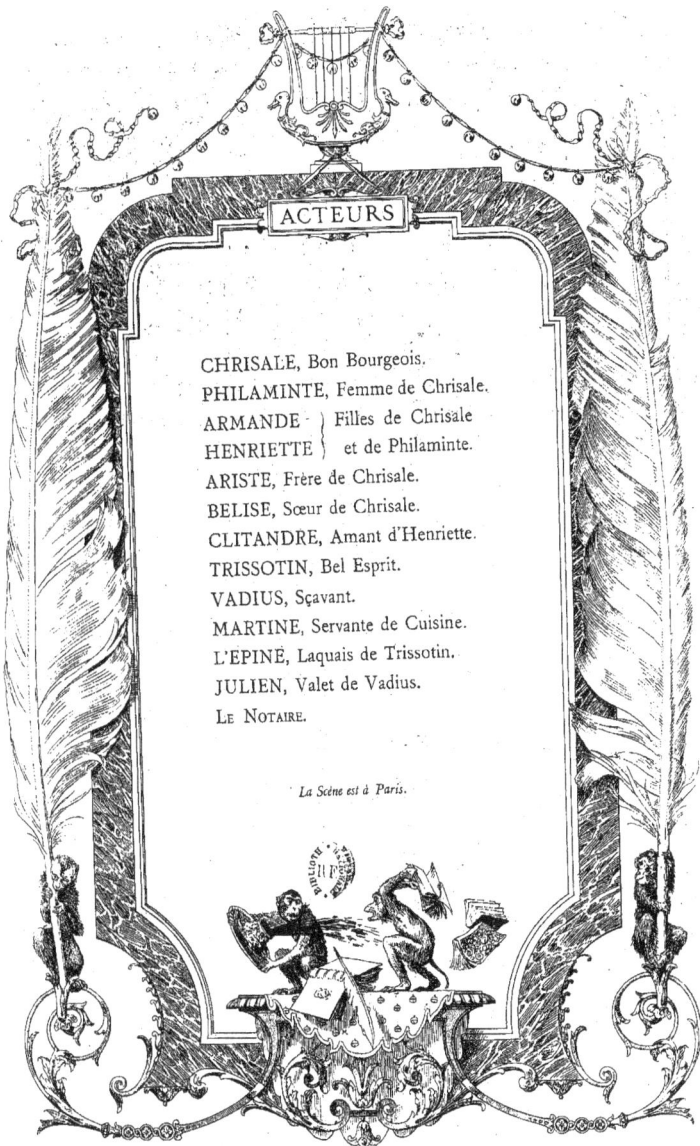

ACTEURS

CHRISALE, Bon Bourgeois.

PHILAMINTE, Femme de Chrisale.

ARMANDE } Filles de Chrisale
HENRIETTE } et de Philaminte.

ARISTE, Frère de Chrisale.

BELISE, Sœur de Chrisale.

CLITANDRE, Amant d'Henriette.

TRISSOTIN, Bel Esprit.

VADIUS, Sçavant.

MARTINE, Servante de Cuisine.

L'EPINE, Laquais de Trissotin.

JULIEN, Valet de Vadius.

Le Notaire.

La Scène est à Paris.

ACTE PREMIER

SCÈNE PREMIÈRE

ARMANDE, HENRIETTE

ARMANDE

UOY, le beau nom de Fille
est un titre, ma Sœur,
Dont vous voulez quitter la
charmante douceur ?
Et de vous marier vous osez
faire feste ?
Ce vulgaire dessein vous peut
monter en teste ?

HENRIETTE

Oüy, ma Sœur.

ARMANDE

Ah! ce oüy se peut-il supporter ?
Et sans un mal de cœur sçaurait-on l'écouter ?

HENRIETTE

Qu'a donc le Mariage en soy qui vous oblige,
Ma Sœur...

ARMANDE

Ah mon Dieu, fy !

HENRIETTE

Comment ?

ARMANDE

Ah fy ! vous dy-je.
Ne concevez-vous point ce que, dès qu'on l'entend,
Un tel mot à l'Esprit offre de dégoûtant ?
De quelle étrange image on est par luy blessée ?
Sur quelle sale veuë il traisne la pensée ?
N'en frissonnez-vous point ? et pouvez-vous, ma Sœur,
Aux suites de ce mot résoudre vostre cœur ?

HENRIETTE

Les suites de ce mot, quand je les envisage,
Me font voir un Mary, des Enfans, un Ménage;
Et je ne voy rien là, si j'en puis raisonner,
Qui blesse la pensée, et fasse frissonner.

ARMANDE

De tels attachemens, ô Ciel ! sont pour vous plaire ?

HENRIETTE

Et qu'est-ce qu'à mon âge on a de mieux à faire,
Que d'attacher à soy, par le titre d'Epous,
Un Homme qui vous aime, et soit aimé de vous;
Et de cette union, de tendresse suivie,
Se faire les douceurs d'une innocente vie?
Ce nœud bien assorty n'a-t-il pas des appas ?

ARMANDE

Mon Dieu, que vostre Esprit est d'un étage bas !
Que vous joüez au Monde un petit Personnage,
De vous claquemurer aux choses du ménage,
Et de n'entrevoir point de plaisirs plus touchans,
Qu'un Idole d'Epous, et des marmots d'Enfans !
Laissez aux Gens grossiers, aux Personnes vulgaires,
Les bas amusemens de ces sortes d'affaires.
A de plus hauts objets élevez vos désirs,
Songez à prendre un goust des plus nobles plaisirs,
Et traittant de mépris les sens et la matière,
A l'Esprit, comme nous, donnez-vous toute entière :
Vous avez nostre Mère en exemple à vos yeux,
Que du nom de Sçavante on honore en tous lieux.
Tâchez ainsi que moy de vous montrer sa Fille,
Aspirez aux clartez qui sont dans la Famille,
Et vous rendez sensible aux charmantes douceurs
Que l'amour de l'Etude épanche dans les cœurs;

Loin d'estre aux loix d'un Homme en Esclave asservie,
Mariez-vous, ma Sœur, à la Philosophie,
Qui nous monte au-dessus de tout le Genre Humain,
Et donne à la Raison l'empire souverain,
Soûmettant à ses loix la partie animale
Dont l'appétit grossier aux Bestes nous ravale.
Ce sont là les beaux feux, les doux attachemens,
Qui doivent de la vie occuper les momens ;
Et les soins où je voy tant de Femmes sensibles
Me paroissent aux yeux des pauvretez horribles.

HENRIETTE

Le Ciel, dont nous voyons que l'ordre est tout-puissant,
Pour diférens emplois nous fabrique en naissant ;
Et tout Esprit n'est pas composé d'une étoffe
Qui se trouve taillée à faire un Philosophe.
Si le vostre est né propre aux élévations
Où montent des Sçavans les spéculations,
Le mien est fait, ma sœur, pour aller terre à terre,
Et dans les petits soins son foible se resserre.
Ne troublons point du Ciel les justes règlemens,
Et de nos deux instincts suivons les mouvemens.
Habitez, par l'essor d'un grand et beau génie,
Les hautes régions de la Philosophie,
Tandis que mon Esprit, se tenant icy-bas,
Goûtera de l'Hymen les terrestres appas.

Ainsi, dans nos desseins l'une à l'autre contraire,
Nous sçaurons toutes deux imiter nostre Mère;
Vous, du costé de l'âme et des nobles desirs,
Moy, du costé des sens et des grossiers plaisirs;
Vous, aux productions d'Esprit et de lumière,
Moy, dans celles, ma Sœur, qui sont de la matière.

ARMANDE

Quand sur une Personne on prétend se régler,
C'est par les beaux costez qu'il luy faut ressembler;
Et ce n'est point du tout la prendre pour modelle,
Ma Sœur, que de tousser et de cracher comme elle.

HENRIETTE

Mais vous ne seriez pas ce dont vous vous vantez,
Si ma Mère n'eust eu que de ces beaux costez;
Et bien vous prend, ma Sœur, que son noble génie
N'ait pas vaqué toûjours à la Philosophie.
De grâce, souffrez-moy, par un peu de bonté,
Des bassesses à qui vous devez la clarté,
Et ne suprimez point, voulant qu'on vous seconde,
Quelque petit Sçavant qui veut venir au monde.

ARMANDE

Je voy que vostre Esprit ne peut estre guéry
Du fol entestement de vous faire un Mary :
Mais sçachons, s'il vous plaist, qui vous songez à prendre?
Vostre visée au moins n'est pas mise à Clitandre ?

HENRIETTE

Et par quelle raison n'y seroit-elle pas ?
Manque-t-il de mérite ? est-ce un choix qui soit bas ?

ARMANDE

Non, mais c'est un dessein qui seroit mal-honneste,
Que de vouloir d'un autre enlever la conqueste;
Et ce n'est pas un fait dans le monde ignoré,
Que Clitandre ait pour moy hautement soûpiré.

HENRIETTE

Oüy, mais tous ces soûpirs chez vous sont choses vaines,
Et vous ne tombez point aux bassesses humaines;
Vostre Esprit à l'Hymen renonce pour toûjours,
Et la Philosophie a toutes vos amours :
Ainsi n'ayant au cœur nul dessein pour Clitandre,
Que vous importe-t-il qu'on y puisse prétendre ?

ARMANDE

Cet empire que tient la Raison sur les sens,
Ne fait pas renoncer aux douceurs des encens;
Et l'on peut pour Epous refuser un mérite
Que pour adorateur on veut bien à sa suite.

HENRIETTE

Je n'ay pas empesché qu'à vos perfections
Il n'ait continué ses adorations;
Et je n'ay fait que prendre, au refus de vostre âme,
Ce qu'est venu m'offrir l'hommage de sa flame.

ARMANDE

Mais à l'offre des vœux d'un Amant dépité,
Trouvez-vous, je vous prie, entière seûreté ?
Croyez-vous pour vos yeux sa passion bien forte,
Et qu'en son cœur pour moy toute flame soit morte ?

HENRIETTE

Il me le dit, ma Sœur, et, pour moy, je le croy.

ARMANDE

Ne soyez pas, ma Sœur, d'une si bonne foy,
Et croyez, quand il dit qu'il me quitte et vous aime,
Qu'il n'y songe pas bien, et se trompe luy-mesme.

HENRIETTE

Je ne sçay; mais enfin, si c'est vostre plaisir,
Il nous est bien aisé de nous en éclaircir.
Je l'apperçoy qui vient, et sur cette matière
Il pourra nous donner une pleine lumière.

SCÈNE II

CLITANDRE, ARMANDE, HENRIETTE

HENRIETTE

Pour me tirer d'un doute où me jette ma Sœur,
Entre elle et moy, Clitandre, expliquez vostre cœur,
Découvrez-en le fond, et nous daignez apprendre
XXX.   2

Qui de nous à vos vœux est en droit de prétendre.

ARMANDE

Non, non, je ne veux point à vostre passion
Imposer la rigueur d'une explication;
Je ménage les Gens, et sçay comme embarasse
Le contraignant effort de ces aveus en face.

CLITANDRE

Non, Madame, mon cœur, qui dissimule peu,
Ne sent nulle contrainte à faire un libre aveu ;
Dans aucun embarras un tel pas ne me jette,
Et j'avoûray tout haut, d'une âme franche et nette,
Que les tendres liens où je suis arresté,
Mon amour et mes vœux, sont tout de ce costé.
Qu'à nulle émotion cet aveu ne vous porte !
Vous avez bien voulu les choses de la sorte,
Vos attraits m'avoient pris, et mes tendres soûpirs
Vous ont assez prouvé l'ardeur de mes désirs :
Mon cœur vous consacrait une flame immortelle,
Mais vos yeux n'ont pas crû leur conqueste assez belle;
J'ay souffert sous leur joug cent mépris diférens,
Ils régnoient sur mon âme en superbes tyrans,
Et je me suis cherché, lassé de tant de peines,
Des vainqueurs plus humains, et de moins rudes chaînes :
Je les ay rencontrez, Madame, dans ces yeux,
Et leurs traits à jamais me seront précieux;

D'un regard pitoyable ils ont séché mes larmes,
Et n'ont pas dédaigné le rebut de vos charmes;
De si rares bontez m'ont si bien sçeu toucher
Qu'il n'est rien qui me puisse à mes fers arracher;
Et j'ose maintenant vous conjurer, Madame,
De ne vouloir tenter nul effort sur ma flame,
De ne point essayer à rappeler un cœur
Résolu de mourir dans cette douce ardeur.

ARMANDE

Eh qui vous dit, Monsieur, que l'on ait cette envie,
Et que de vous enfin si fort on se soucie ?
Je vous trouve plaisant, de vous le figurer,
Et bien impertinent, de me le déclarer.

HENRIETTE

Eh doucement, ma Sœur ! Où donc est la Morale
Qui sçait si bien régir la partie animale,
Et retenir la bride aux efforts du courroux ?

ARMANDE

Mais vous qui m'en parlez, où la pratiquez-vous,
De répondre à l'amour que l'on vous fait parestre,
Sans le congé de ceux qui vous ont donné l'estre ?
Sçachez que le devoir vous soûmet à leurs loix,
Qu'il ne vous est permis d'aimer que par leur choix,
Qu'ils ont sur vostre cœur l'authorité suprême,
Et qu'il est criminel d'en disposer vous-mesme.

HENRIETTE

Je rens grace aux bontez que vous me faites voir,
De m'enseigner si bien les choses du devoir.
Mon cœur sur vos leçons veut regler sa conduite ;
Et pour vous faire voir, ma Sœur, que j'en profite :
Clitandre, prenez soin d'appuyer vostre amour
De l'agrément de ceux dont j'ay reçeu le jour,
Faites-vous sur mes vœux un pouvoir légitime,
Et me donnez moyen de vous aimer sans crime.

CLITANDRE

J'y vay de tous mes soins travailler hautement,
Et j'attendois de vous ce doux consentement.

ARMANDE

Vous triomphez, ma Sœur ? et faites une mine
A vous imaginer que cela me chagrine.

HENRIETTE

Moy, ma Sœur ? point du tout ; je sçay que sur vos sens
Les droits de la Raison sont toûjours tout-puissans,
Et que, par les leçons qu'on prend dans la Sagesse,
Vous estes au-dessus d'une telle foiblesse.
Loin de vous soupçonner d'aucun chagrin, je croy
Qu'icy vous daignerez vous employer pour moy,
Appuyer sa demande, et de vostre suffrage
Presser l'heureux moment de nostre Mariage.
Je vous en sollicite, et pour y travailler...

ARMANDE

Vostre petit Esprit se mesle de railler,
Et d'un cœur qu'on vous jette on vous voit toute fière.

HENRIETTE

Tout jetté qu'est ce cœur, il ne vous déplaist guere;
Et si vos yeux sur moy le pouvoient ramasser,
Ils prendroient aisément le soin de se baisser.

ARMANDE

A répondre à cela je ne daigne descendre,
Et ce sont sots discours qu'il ne faut pas entendre.

HENRIETTE

C'est fort bien fait à vous, et vous nous faites voir
Des modérations qu'on ne peut concevoir.

SCÈNE III

CLITANDRE, HENRIETTE

HENRIETTE

Vostre sincère aveu ne l'a pas peu surprise.

CLITANDRE

Elle mérite assez une telle franchise,
Et toutes les hauteurs de sa folle fierté
Sont dignes tout au moins de ma sincérité.
Mais puisqu'il m'est permis, je vais à votre Père,
Madame...

· HENRIETTE

Le plus seûr est de gagner ma Mère :
Mon Père est d'une humeur à consentir à tout,
Mais il met peu de poids aux choses qu'il résout ;
Il a reçeu du ciel certaine bonté d'âme,
Qui le soûmet d'abord à ce que veut sa Femme.
C'est elle qui gouverne, et d'un ton absolu
Elle dicte pour loy ce qu'elle a résolu.
Je voudrais bien vous voir pour elle et pour ma Tante
Une âme, je l'avouë, un peu plus complaisante,
Un esprit qui, flatant les visions du leur,
Vous pût de leur estime attirer la chaleur.

CLITANDRE

Mon cœur n'a jamais pû, tant il est né sincère,
Mesme dans vostre Sœur flatter leur caractère,
Et les Femmes Docteurs ne sont point de mon goust.
Je consens qu'une Femme ait des clartez de tout,
Mais je ne luy veux point la passion choquante
De se rendre sçavante afin d'estre Sçavante ;
Et j'aime que souvent, aux questions qu'on fait,
Elle sçache ignorer les choses qu'elle sçait ;
De son étude enfin je veux qu'elle se cache,
Et qu'elle ait du sçavoir sans vouloir qu'on le sçache,
Sans citer les Autheurs, sans dire de grands mots,
Et cloüer de l'esprit à ses moindres propos.

Je respecte beaucoup Madame vostre Mère,
Mais je ne puis du tout aprouver sa chimère,
Et me rendre l'écho des choses qu'elle dit,
Aux encens qu'elle donne à son Héros d'esprit.
Son Monsieur Trissotin me chagrine, m'assomme,
Et j'enrage de voir qu'elle estime un tel Homme,
Qu'elle nous mette au rang des grands et beaux Esprits
Un Benest dont partout on sifle les Ecrits,
Un Pédant dont on voit la plume libérale
D'officieux papiers fournir toute la Hale.

                    HENRIETTE

Ses Ecrits, ses discours, tout m'en semble ennuyeux,
Et je me trouve assez vostre goust et vos yeux.
Mais comme sur ma Mère il a grande puissance,
Vous devez vous forcer à quelque complaisance.
Un Amant fait sa Cour où s'attache son cœur,
Il veut de tout le Monde y gagner la faveur ;
Et pour n'avoir personne à sa flame contraire,
Jusqu'au Chien du Logis il s'efforce de plaire.

                    CLITANDRE

Oüy, vous avez raison ; mais Monsieur Trissotin
M'inspire au fond de l'âme un dominant chagrin.
Je ne puis consentir, pour gagner ses suffrages,
A me des-honorer, en prisant ses ouvrages ;
C'est par eux qu'à mes yeux il a d'abord parû,

Et je le connaissais avant que l'avoir vû.
Je vis dans le fatras des Ecrits qu'il nous donne
Ce qu'étale en tous lieux sa pédante Personne,
La constante hauteur de sa présomption,
Cette intrépidité de bonne opinion,
Cet indolent état de confiance extrême,
Qui le rend en tout temps si content de soy-mesme,
Qui fait qu'à son mérite incessamment il rit;
Qu'il se sçait si bon gré de tout ce qu'il écrit;
Et qu'il ne voudroit pas changer sa renommée
Contre tous les honneurs d'un général d'armée.

HENRIETTE

C'est avoir de bons yeux, que de voir tout cela.

CLITANDRE

Jusques à sa Figure encor la chose alla,
Et je vis par les Vers qu'à la teste il nous jette,
De quel air il falloit que fût fait le Poëte;
Et j'en avois si bien deviné tous les traits,
Que, rencontrant un Homme un jour dans le Palais,
Je gageay que c'estoit Trissotin en personne,
Et je vis qu'en effet la gageure estoit bonne.

HENRIETTE

Quel conte!

CLITANDRE

Non, je dis la chose comme elle est;

Mais je voy vostre Tante. Agréez, s'il vous plaist,
Que mon cœur luy déclare icy nostre mistére,
Et gagne sa faveur auprès de vostre Mère.

SCÈNE IV
CLITANDRE, BELISE

CLITANDRE
Souffrez, pour vous parler, Madame, qu'un amant
Prenne l'occasion de cet heureux moment,
Et se découvre à vous de la sincère flame...

BELISE
Ah! tout beau! gardez-vous de m'ouvrir trop vostre âme!
Si je vous ay sçeu mettre au rang de mes Amans,
Contentez-vous des yeux pour vos seuls truchemens,
Et ne m'expliquez point par un autre langage
Des desirs qui chez moy passent pour un outrage!
Aimez-moy, soûpirez, brulez pour mes appas,
Mais qu'il me soit permis de ne le sçavoir pas :
Je puis fermer les yeux sur vos flames secrettes,
Tant que vous vous tiendrez aux müets Interprètes;
Mais si la bouche vient à s'en vouloir mesler,
Pour jamais de ma veuë il vous faut exiler.

CLITANDRE
Des projets de mon cœur ne prenez point d'alarme;
Henriette, Madame, est l'objet qui me charme,
XXX.   3

Et je viens ardemment conjurer vos bontez
De seconder l'amour que j'ay pour ses beautez.

BELISE

Ah! certes le détour est d'esprit, je l'avouë.
Ce subtil faux-fuyant mérite qu'on le louë ;
Et dans tous les Romans où j'ay jetté les yeux,
Je n'ay rien rencontré de plus ingénieux.

CLITANDRE

Cecy n'est point du tout un trait d'esprit, Madame,
Et c'est un pur aveu de ce que j'ay dans l'âme,
Les Cieux, par les liens d'une immüable ardeur,
Aux beautez d'Henriette ont attaché mon cœur ;
Henriette me tient sous son aimable empire,
Et l'hymen d'Henriette est le bien où j'aspire.
Vous y pouvez beaucoup, et tout ce que je veux,
C'est que vous y daigniez favoriser mes vœux.

BELISE

Je vois où doucement veut aller la demande,
Et je sçay sous ce nom ce qu'il faut que j'entende ;
La Figure est adroite, et pour n'en point sortir,
Aux choses que mon cœur m'offre à vous repartir,
Je diray qu'Henriette à l'Hymen est rebelle,
Et que, sans rien prétendre, il faut brûler pour elle.

CLITANDRE

Eh! Madame, à quoy bon un pareil embarras,

Et pourquoy voulez-vous penser ce qui n'est pas ?

BELISE

Mon Dieu, point de façons; cessez de vous défendre
De ce que vos regards m'ont souvent fait entendre ;
Il suffit que l'on est contente du détour
Dont s'est adroitement avisé vostre amour,
Et que sous la Figure où le respect l'engage,
On veut bien se résoudre à souffrir son hommage,
Pourveu que ses transports, par l'honneur eclairez,
N'offrent à mes autels que des vœux épurez.

CLITANDRE

Mais...

BELISE

    Adieu, pour ce coup cecy doit vous suffire,
Et je vous ay plus dit que je ne voulois dire.

CLITANDRE

Mais vostre erreur...

BELISE

    Laissez, je rougis maintenant,
Et ma pudeur s'est fait un effort surprenant.

CLITANDRE

Je veux estre pendu, si je vous aime, et sage...

BELISE

Non, non, je ne veux rien entendre davantage.

CLITANDRE

Diantre soit de la folle avec ses visions !
A-t-on rien veu d'égal à ces préventions ?
Allons commettre un autre au soin que l'on me donne,
Et prenons le secours d'une sage Personne.

CLITANDRE
Je veux estre pendu, si je vous aime.

BELISE
Quel solécisme horrible!

ACTE II

SCÈNE PREMIÈRE

ARISTE

BELISE
Vraiment, chimère est fort bien!

UY, je vous porteray la réponse au plûtost;
J'appuyray, presseray, feray tout ce qu'il faut.
Qu'un Amant, pour un mot, a de choses à dire!
Et qu'impatiemment il veut ce qu'il désire!

Jamais...

SCÈNE II

CHRISALE, ARISTE

ARISTE

Ah, Dieu vous gard', mon Frère.

CHRISALE

                                                  Et vous aussy,

Mon Frère.

ARISTE

Sçavez-vous ce qui m'amène icy ?

CHRISALE

Non; mais, si vous voulez, je suis prest à l'apprendre.

ARISTE

Depuis assez longtemps vous connoissez Clitandre ?

CHRISALE

Sans doute, et je le voy qui fréquente chez nous.

ARISTE

En quelle estime est-il, mon Frère, auprès de vous ?

CHRISALE

D'Homme d'honneur, d'esprit, de cœur et de conduite ;
Et je voy peu de Gens qui soient de son mérite.

ARISTE

Certain desir qu'il a conduit icy mes pas,
Et je me réjoüis que vous en fassiez cas.

CHRISALE

Je connus feu son Père en mon Voyage à Rome.

ARISTE

Fort-bien.

CHRISALE

C'estoit, mon Frère, un fort bon Gentilhomme.

ARISTE

On le dit.

CHRISALE

Nous n'avions alors que vingt-huit ans,
Et nous estions, ma foy, tous deux de Vert-Galans.

ARISTE

Je le croy.

CHRISALE

Nous donnions chez les Dames Romaines,
Et tout le Monde là parloit de nos fredaines;
Nous faisions des Jalous.

ARISTE

Voila qui va des mieux :
Mais venons au sujet qui m'amène en ces lieux.

SCÈNE III

BELISE, CHRISALE, ARISTE

ARISTE

Clitandre auprès de vous me fait son Interprète,
Et son cœur est épris des graces d'Henriette.

CHRISALE

Quoy, de ma Fille ?

ARISTE

Oüy, Clitandre en est charmé
Et je ne vis jamais Amant plus enflâmé.

BELISE

Non, non, je vous entens, vous ignorez l'histoire,
Et l'affaire n'est pas ce que vous pouvez croire.

ARISTE

Comment, ma Sœur ?

BELISE

Clitandre abuse vos esprits,
Et c'est d'un autre Objet que son cœur est epris.

ARISTE

Vous raillez. Ce n'est pas Henriette qu'il aime ?

BELISE

Non, j'en suis assurée.

ARISTE

Il me l'a dit luy-mesme.

BELISE

Eh! oüy.

ARISTE

Vous me voyez, ma Sœur, chargé par luy
D'en faire la demande à son Père aujourd'huy.

BELISE

Fort-bien.

ARISTE

Et son amour mesme m'a fait instance
De presser les momens d'une telle alliance.

BELISE

Encor mieux. On ne peut tromper plus galamment :
Henriette, entre nous, est un amusement,
Un voile ingénieux, un prétexte, mon Frère,
A couvrir d'autres feux dont je sçay le mistère ;
Et je veux bien tous deux vous mettre hors d'erreur.

ARISTE

Mais puis que vous sçavez tant de choses, ma Sœur,
Dites-nous, s'il vous plaist, cet autre Objet qu'il aime ?

BELISE

Vous le voulez sçavoir ?

ARISTE

Oüy. Quoy ?

BELISE

Moy.

ARISTE

Vous ?

BELISE

Moy-mesme.

ARISTE

Hay, ma Sœur !

BELISE

Qu'est-ce donc que veut dire ce Hay,
Et qu'a de surprenant le discours que je fay ?
On est faite d'un air, je pense, à pouvoir dire
Qu'on n'a pas pour un Cœur soûmis à son empire ;
Et Dorante, Damis, Cleonte, et Licidas
Peuvent bien faire voir qu'on a quelques appas.

ARISTE

Ces Gens vous aiment ?

BELISE

Oüy, de toute leur puissance.

ARISTE

Ils vous l'ont dit ?

BELISE

Aucun n'a pris cette licence.

Ils m'ont sçeu revérer si fort jusqu'à ce jour,

Qu'ils ne m'ont jamais dit un mot de leur amour :

Mais pour m'offrir leur cœur, et voüer leur service,

Les müets truchemens ont tous fait leur office.

ARISTE

On ne voit presque point céans venir Damis.

BELISE

C'est pour me faire voir un respect plus soûmis.

ARISTE

De mots piquans par tout Dorante vous outrage.

BELISE

Ce sont emportemens d'une jalouse rage.

ARISTE

Cléonte et Licidas ont pris Femme tous deux.

BELISE

C'est par un désespoir où j'ay réduit leurs feux.

ARISTE

Ma foy, ma chère Sœur, vision toute claire !

CHRISALE

De ces chimères-là vous devez vous défaire.

BELISE

Ah chimères! ce sont des chimeres, dit-on!
Chimères, moy! Vrayment chimères est fort bon!
Je me rejoüis fort de chimères, mes Frères,
Et je ne sçavais pas que j'eusse des chimères.

SCÈNE IV

CHRISALE, ARISTE

CHRISALE

Nostre Sœur est fole, oüy.

ARISTE

              Cela croist tous les jours.
Mais, encore une fois, reprenons le discours.
Clitandre vous demande Henriette pour Femme,
Voyez quelle réponse on doit faire à sa flame.

CHRISALE

Faut-il le demander? J'y consens de bon cœur,
Et tiens son alliance à singulier honneur.

ARISTE

Vous sçavez que de bien il n'a pas l'abondance,
Que...

CHRISALE

C'est un intérest qui n'est pas d'importance ;
Il est riche en vertu, cela vaut des trésors,
Et puis son Pere et moy n'estions qu'un en deux corps.

ARISTE

Parlons à vostre Femme, et voyons à la rendre
Favorable...

CHRISALE

Il suffit, je l'accepte pour Gendre.

ARISTE

Oüy, mais pour appuyer vostre consentement,
Mon Frère, il n'est pas mal d'avoir son agrément,
Allons...

CHRISALE

Vous mocquez-vous ? il n'est pas nécessaire.
Je répons de ma Femme, et prens sur moy l'affaire.

ARISTE

Mais...

CHRISALE

Laissez faire, dy-je, et n'appréhendez pas.
Je la vais disposer aux choses, de ce pas.

ARISTE

Soit. Je vay là-dessus sonder vostre Henriette,
Et reviendray sçavoir...

CHRISALE

C'est une affaire faite
Et je vais à ma Femme en parler sans délay.

SCÈNE V

MARTINE, CHRISALE

MARTINE

Me voila bien chanceuse ! Helas l'an dit bien vray,
Qui veut noyer son Chien, l'accuse de la rage,
Et service d'autruy n'est pas un héritage.

CHRISALE

Qu'est-ce donc ? Qu'avez-vous, Martine ?

MARTINE

Ce que j'ay ?

CHRISALE

Oüy ?

MARTINE

J'ay que l'an me donne aujourd'hui mon congé,
Monsieur.

CHRISALE

Vostre congé !

MARTINE

Oüy, Madame me chasse,

CHRISALE

Je n'entens pas cela ? Comment ?

MARTINE

On me menace
Si je ne sors d'icy, de me bailler cent coups.

CHRISALE

Non, vous demeurerez ! Je suis content de vous ;
Ma Femme bien-souvent a la teste un peu chaude,
Et je ne veux pas, moy...

SCÈNE VI

PHILAMINTE, BELISE, CHRISALE, MARTINE

PHILAMINTE

Quoy, je vous voy, maraude ?
Viste, sortez, Friponne ; allons, quittez ces lieux,
Et ne vous présentez jamais devant mes yeux !

CHRISALE

Tout-doux!

PHILAMINTE

Non, ç'en est fait!

CHRISALE

Eh?

PHILAMINTE

Je veux qu'elle sorte!

CHRISALE

Mais qu'a-t-elle commis, pour vouloir de la sorte...

PHILAMINTE

Quoy, vous la soûtenez?

CHRISALE

En aucune façon.

PHILAMINTE

Prenez-vous son party contre moy?

CHRISALE

Mon Dieu non;
Je ne fais seulement que demander son crime.

PHILAMINTE

Suis-je pour la chasser sans cause légitime?

CHRISALE

Je ne dis pas cela, mais il faut de nos Gens...

PHILAMINTE

Non, elle sortira, vous dis-je, de céans.

CHRISALE

Hé bien oüy. Vous dit-on quelque chose là-contre?

PHILAMINTE

Je ne veux point d'obstacle aux désirs que je montre.

CHRISALE

D'accord.

PHILAMINTE

Et vous devez, en raisonnable Epous,
Estre pour moy contre elle, et prendre mon courroux.

CHRISALE

Aussi fais-je. Oüy, ma Femme avec raison vous chasse,
Coquine, et vostre crime est indigne de grâce.

MARTINE

Qu'est-ce donc que j'ay fait?

CHRISALE

Ma foy, je ne sçay pas.

PHILAMINTE

Elle est d'humeur encor à n'en faire aucun cas.

XXX.   5

CHRISALE

A-t-elle, pour donner matière à vostre haine
Cassé quelque Miroir, ou quelque Porcelaine ?

PHILAMINTE

Voudrois-je la chasser, et vous figurez-vous
Que pour si peu de chose on se mette en courroux ?

CHRISALE

Qu'est-ce à dire ? L'affaire est donc considérable ?

PHILAMINTE

Sans doute. Me voit-on Femme déraisonnable ?

CHRISALE

Est-ce qu'elle a laissé, d'un esprit négligent,
Dérober quelque Aiguière ou quelque Plat d'argent ?

PHILAMINTE

Cela ne seroit rien.

CHRISALE

Oh, oh! Peste, la Belle!
Quoy, l'avez-vous surprise à n'estre pas fidelle ?

PHILAMINTE

C'est pis que tout cela.

CHRISALE

Pis que tout cela ?

PHILAMINTE

Pis !

CHRISALE

Comment diantre, Friponne ! Euh ? A-t-elle commis...

PHILAMINTE

Elle a, d'une insolence à nulle autre pareille,
Après trente leçons, insulté mon oreille
Par l'impropriété d'un mot sauvage et bas
Qu'en termes décisifs condamne Vaugelas.

CHRISALE

Est-ce là...

PHILAMINTE

Quoy, toûjours, malgré nos remontrances,
Heurter le fondement de toutes les sciences ;
La Grammaire, qui sçait régenter jusqu'aux Rois,
Et les fait, la main haute, obëir à ses loix ?

CHRISALE

Du plus grand des forfaits je la croyois coupable.

PHILAMINTE

Quoy, vous ne trouvez pas ce crime impardonnable ?

CHRISALE

Siffait.

PHILAMINTE

Je voudrois bien que vous l'excusassiez.

CHRISALE

Je n'ay garde.

BELISE

Il est vray que ce sont des pitiez.
Toute construction est par elle détruite
Et des loix du Langage on l'a cent fois instruite.

MARTINE

Tout ce que vous preschez est, je croy, bel et bon;
Mais je ne sçaurois, moy, parler vostre jargon.

PHILAMINTE

L'Impudente! appeler un jargon le langage
Fondé sur la Raison et sur le bel Usage!

MARTINE

Quand on se fait entendre, on parle toûjours bien,
Et tous vos biaux dictons ne servent pas de rien.

PHILAMINTE

Hé bien! ne voila pas encore de son stile!
Ne servent pas de rien!

BELISE

O cervelle indocile!
Faut-il qu'avec les soins qu'on prend incessamment,
On ne te puisse apprendre à parler congrûment?
De *pas*, mis avec *rien*, tu fais la récidive,
Et c'est, comme on t'a dit, trop d'une négative.

MARTINE

Mon Dieu, je n'avons pas étugné comme vous,
Et je parlons tout droit comme on parle cheux nous.

PHILAMINTE

Ah ! peut-on y tenir ?

BELISE

Quel solécisme horrible !

PHILAMINTE

En voila pour tuer une oreille sensible !

BELISE

Ton esprit, je l'avoüe, est bien matériel.
Je, n'est qu'un singulier; *avons,* est pluriel.
Veux-tu toute ta vie offencer la Grammaire ?

MARTINE

Qui parle d'offencer Grand'Mère, ny Grand Père ?

PHILAMINTE

O Ciel !

BELISE

Grammaire est prise à contre-sens par toy,
Et je t'ay dit déjà d'où vient ce mot.

MARTINE

Ma foy,

Qu'il vienne de Chaillot, d'Hauteüil, ou de Pontoise,
Cela ne me fait rien.

BELISE

Quelle âme villageoise !
La Grammaire, du verbe et du nominatif,
Comme de l'adjectif avec le substantif,
Nous enseigne les loix.

MARTINE

J'ay, Madame, à vous dire
Que je ne connais point ces Gens-là.

PHILAMINTE

Quel martire !

BELISE

Ce sont les noms des mots, et l'on doit regarder
En quoy c'est qu'il les faut faire ensemble accorder.

MARTINE

Qu'ils s'accordent entr'eux, oü se gourment, qu'importe ?

PHILAMINTE, *à sa sœur.*

Eh ! mon Dieu ! finissez un discours de la sorte !

A son Mary.

Vous ne voulez pas, vous, me la faire sortir ?

CHRISALE

Siffait. A son caprice il me faut consentir.
Va, ne l'irrite point ; retire-toy, Martine.

PHILAMINTE

Comment ? vous avez peur d'offencer la Coquine ?
Vous luy parlez d'un ton tout-à-fait obligeant ?

CHRISALE

Moy ? point. Allons, sortez ! *(Bas.)* Va-t-en, ma pauvre Enfant !

SCÈNE VII

PHILAMINTE, CHRISALE, BELISE

CHRISALE

Vous estes satisfaite, et la voila partie.
Mais je n'approuve point une telle sortie ;
C'est une Fille propre aux choses qu'elle fait ;
Et vous me la chassez pour un maigre sujet.

PHILAMINTE

Vous voulez que toûjours je l'aye à mon service,
Pour mettre incessamment mon oreille au suplice ?
Pour rompre toute loy d'usage et de raison
Par un barbare amas de vices d'oraison,
De mots estropiez, cousus par intervales,
De Proverbes traisnez dans les ruisseaux des Hales ?

BELISE

Il est vray que l'on suë à souffrir ses discours.

Elle y met Vaugelas en pièces tous les jours ;
Et les moindres défauts de ce grossier génie,
Sont ou le pléonasme, ou la cacophonie.

CHRISALE

Qu'importe qu'elle manque aux loix de Vaugelas,
Pourveu qu'à la cuisine elle ne manque pas ?
J'aime bien mieux, pour moy, qu'en épluchant ses herbes,
Elle accommode mal les noms avec les verbes
Et redise cent fois un bas ou méchant mot,
Que de brûler ma Viande, ou saler trop mon Pot.
Je vis de bonne Soupe, et non de beau Langage.
Vaugelas n'apprend point à bien faire un Potage ;
Et Malherbe et Balzac, si sçavans en beaux mots,
En Cuisine peut-estre auroient été des sots.

PHILAMINTE

Que ce discours grossier terriblement assomme !
Et quelle indignité pour ce qui s'appelle Homme,
D'estre baissé sans cesse aux soins matériels,
Au lieu de se hausser vers les spirituels !
Le Corps, cette guenille, est-il d'une importance,
D'un prix, à mériter seulement qu'on y pense ?
Et ne devons-nous pas laisser cela bien loin ?

CHRISALE

Oüy, mon Corps est moy-mesme, et j'en veux prendre soin.
Guenille, si l'on veut ; ma guenille m'est chère.

BELISE

Le Corps avec l'Esprit fait figure, mon Frère :
Mais si vous en croyez tout le Monde sçavant,
L'Esprit doit sur le Corps prendre le pas devant ;
Et nostre plus grand soin, nostre première instance,
Doit estre à le nourrir du suc de la Science.

CHRISALE

Ma foy, si vous songez à nourrir vostre Esprit
C'est de viande bien creuse, à ce que chacun dit,
Et vous n'avez nul soin, nulle sollicitude,
Pour...

PHILAMINTE

Ah *sollicitude* à mon oreille est rude,
Il put étrangement son ancienneté.

BELISE

Il est vray que le mot est bien colet-monté.

CHRISALE

Voulez-vous que je dise ? Il faut qu'enfin j'éclate,
Que je lève le masque, et décharge ma rate.
De folles on vous traitte, et j'ay fort sur le cœur...

PHILAMINTE

Comment donc ?

CHRISALE

C'est à vous que je parle, ma Sœur.

XXX.   6

Le moindre solécisme en parlant vous irrite :
Mais vous en faites, vous, d'étranges en conduite.
Vos Livres éternels ne me contentent pas,
Et hors un gros Plutarque à mettre mes Rabats,
Vous devriez bruler tout ce meuble inutile,
Et laisser la Science aux Docteurs de la Ville ;
M'oster, pour faire bien, du Grenier de céans,
Cette longue Lunette à faire peur aux Gens,
Et cent brimborions dont l'aspect importune :
Ne point aller chercher ce qu'on fait dans la Lune,
Et vous mesler un peu de ce qu'on fait chez vous,
Où nous voyons aller tout sans-dessus-dessous.
Il n'est pas bien honneste, et pour beaucoup de causes,
Qu'une Femme étudie, et sçache tant de choses.
Former aux bonnes mœurs l'Esprit de ses enfans,
Faire aller son ménage, avoir l'œil sur ses Gens,
Et régler la dépense avec œconomie,
Doit estre son étude et sa philosophie.
Nos Pères sur ce point estoient Gens bien sensez,
Qui disoient qu'une Femme en sçait toujours assez,
Quand la capacité de son esprit se hausse
A connoistre un Pourpoint d'avec un Haut-de-chausse.
Les leurs ne lisoient point, mais elles vivoient bien.
Leurs ménages estoient tout leur docte entretien,
Et leurs Livres un Dé, du Fil, et des Aiguilles,
Dont elles travailloient au trousseau de leurs Filles.

Les Femmes d'aprésent sont bien loin de ces mœurs,
Elles veulent écrire, et devenir Autheurs,
Nulle Science n'est pour elles trop profonde,
Et céans beaucoup plus qu'en aucun lieu du Monde.
Les secrets les plus hauts s'y laissent concevoir,
Et l'on sçait tout chez moy, hors ce qu'il faut sçavoir.
On y sçait comme vont Lune, Etoile Polaire,
Vénus, Saturne, et Mars, dont je n'ay point affaire;
Et dans ce vain sçavoir, qu'on va chercher si loin,
On ne sçait comme va mon Pot, dont j'ay besoin.
Mes Gens à la Science aspirent pour vous plaire,
Et tous ne font rien moins que ce qu'ils ont à faire.
Raisonner est l'employ de toute ma Maison,
Et le raisonnement en bannit la Raison;
L'un me brûle mon Rost en lisant quelque Histoire,
L'autre resve à des Vers quand je demande à boire;
Enfin je voy par eux vostre exemple suivy,
Et j'ay des serviteurs, et ne suis point servy.
Une pauvre servante au moins m'estoit restée
Qui de ce mauvais air n'estoit point infectée;
Et voila qu'on la chasse avec un grand fracas,
A cause qu'elle manque à parler Vaugelas.
Je vous le dis, ma Sœur, tout ce train-là me blesse,
(Car c'est, comme j'ay dit, à vous que je m'adresse).
Je n'aime point céans tous vos Gens à Latin,
Et principalement ce Monsieur Trissotin.

C'est luy qui dans des Vers vous a timpanisées ;
Tous les propos qu'il tient sont des bille-vesées,
On cherche ce qu'il dit après qu'il a parlé,
Et je luy croy, pour moy, le timbre un peu feslé.

PHILAMINTE

Quelle bassesse, ô Ciel, et d'âme et de langage !

BELISE

Est-il de petits corps un plus lourd assemblage !
Un Esprit composé d'atomes plus Bourgeois !
Et de ce mesme sang se peut-il que je sois !
Je me veux mal-de-mort d'estre de vostre race ;
Et, de confusion, j'abandonne la place.

SCÈNE VIII

PHILAMINTE, CHRISALE

PHILAMINTE

Avez-vous à lâcher encore quelque trait ?

CHRISALE

Moy ? non. Ne parlons plus de querelle; c'est fait;
Discourons d'autre affaire. A vostre Fille aisnée
On voit quelque dégoust pour les nœuds d'Hymenée;
C'est une Philosophe enfin, je n'en dy rien,

Elle est bien gouvernée, et vous faites fort bien.
Mais de toute autre humeur se trouve la cadette,
Et je croy qu'il est bon de pourvoir Henriette,
De choisir un Mary...

PHILAMINTE

C'est à quoy j'ay songé.
Et je veux vous ouvrir l'intention que j'ay.
Ce Monsieur Trissotin dont on nous fait un crime,
Et qui n'a pas l'honneur d'estre dans vostre estime,
Est celuy que je prens pour l'Epous qu'il luy faut,
Et je sçay mieux que vous juger de ce qu'il vaut.
La contestation est icy superfluë,
Et de tout point chez moy l'affaire est résoluë.
Au moins ne dites mot du choix de cet Epous,
Je veux à vostre Fille en parler avant vous.
J'ay des raisons à faire approuver ma conduite,
Et je connoistray bien si vous l'aurez instruite.

SCÈNE IX

ARISTE, CHRISALE

ARISTE

Hé bien? La Femme sort, mon Frère, et je voy bien
Que vous venez d'avoir ensemble un entretien.

CHRISALE

Oüy.

ARISTE

Quel est le succès ? Aurons-nous Henriette ?
A-t-elle consenty ? l'affaire est-elle faite ?

CHRISALE

Pas tout-à-fait encor.

ARISTE

Refuse-t-elle ?

CHRISALE

Non.

ARISTE

Est-ce qu'elle balance ?

CHRISALE

En aucune façon.

ARISTE

Quoy donc ?

CHRISALE

C'est que pour Gendre elle m'offre un autre homme.

ARISTE

Un autre Homme pour Gendre ?

CHRISALE

Un autre.

ARISTE

Qui se nomme ?

CHRISALE

Monsieur Trissotin.

ARISTE

Quoy ! ce Monsieur Trissotin....

CHRISALE

Oüy, qui parle toûjours de Vers et de Latin,

ARISTE

Vous l'avez accepté ?

CHRISALE

Moy ? point, à Dieu ne plaise !

ARISTE

Qu'avez-vous répondu ?

CHRISALE

Rien, et je suis bien aise
De n'avoir point parlé, pour ne m'engager pas.

ARISTE

La raison est fort belle, et c'est faire un grand pas.
Avez-vous sçeu du moins luy proposer Clitandre ?

CHRISALE

Non, car comme j'ay veu qu'on parloit d'autre Gendre
J'ay crû qu'il estoit mieux de ne m'avancer point.

ARISTE

Certes, vostre prudence est rare au dernier point!
N'avez-vous point de honte avec vostre molesse ?
Et se peut-il qu'un Homme ait assez de foiblesse
Pour laisser à sa Femme un pouvoir absolu,
Et n'oser attaquer ce qu'elle a résolu ?

CHRISALE

Mon Dieu, vous en parlez, mon Frère, bien à l'aise,
Et vous ne sçavez pas comme le bruit me pèse.
J'aime fort le repos, la paix et la douceur,
Et ma Femme est terrible avecque son humeur.
Du nom de Philosophe elle fait grand mistère,
Mais elle n'en est pas pour cela moins colère;
Et sa Morale, faite à mépriser le bien,
Sur l'aigreur de sa bile opère comme rien,
Pour peu que l'on s'oppose à ce que veut sa teste,
On en a pour huit jours d'effroyable tempeste.
Elle me fait trembler dès qu'elle prend son ton.
Je ne sçais où me mettre, et c'est un vray Dragon;
Et cependant avec toute sa diablerie,
Il faut que je l'appelle et mon cœur, et ma mie.

ARISTE

Allez, c'est se moquer! Vostre Femme, entre nous,
Est par vos lâchetez souveraine sur vous.

Son pouvoir n'est fondé que sur vostre foiblesse.
C'est de vous qu'elle prend le titre de Maistresse,
Vous-même à ses hauteurs vous vous abandonnez
Et vous faites mener, en Beste, par le nez.
Quoy, vous ne pouvez pas, voyant comme on vous nomme,
Vous résoudre une fois à vouloir estre un Homme ?
A faire condescendre une Femme à vos vœux,
Et prendre assez de cœur pour dire un « je le veux » ?
Vous laisserez sans honte immoler vostre Fille
Aux foles visions qui tiennent la Famille,
Et de tout vostre bien revestir un Nigaut,
Pour six mots de Latin qu'il leur fait sonner haut ?
Un Pédant qu'à tous coups vostre Femme apostrophe
Du nom de Bel Esprit, et de grand Philosophe,
D'Homme qu'en Vers galans jamais on n'égala,
Et qui n'est, comme on sçait, rien moins que tout cela ?
Allez, encore un coup, c'est une moquerie,
Et vostre lâcheté mérite qu'on en rie.

CHRISALE
Oüy, vous avez raison, et je voy que j'ay tort.
Allons, il faut enfin montrer un cœur plus fort,
Mon Frère.
ARISTE
C'est bien dit.
CHRISALE
C'est une chose infame

XXX.   7

Que d'estre si soùmis au pouvoir d'une Femme.

ARISTE

Fort-bien.

CHRISALE

De ma douceur elle a trop profité.

ARISTE

Il est vray.

CHRISALE

Trop joüy de ma facilité.

ARISTE

Sans doute.

CHRISALE

Et je luy veux faire aujourd'huy connoistre
Que ma Fille est ma Fille, et que j'en suis le Maistre,
Pour luy prendre un Mary qui soit selon mes vœux.

ARISTE

Vous voila raisonnable, et comme je vous veux.

CHRISALE

Vous estes pour Clitandre, et sçavez sa demeure;
Faites-le moy venir, mon Frère, tout-à-l'heure.

ARISTE

J'y cours tout de ce pas.

CHRISALE

C'est souffrir trop longtemps ;
Et je m'en vais estre Homme à la barbe des Gens.

ACTE III

SCÈNE PREMIÈRE

PHILAMINTE, ARMANDE, BELISE, TRISSOTIN, L'ÉPINE

PHILAMINTE

H! mettons-nous icy pour
écouter à l'aise
Ces vers que mot à mot il
est besoin qu'on pèse.

ARMANDE
Je brûle de les voir.

BELISE
Et l'on s'en meurt chez nous.

PHILAMINTE
Ce sont charmes pour moy que ce qui part de vous.

ARMANDE

Ce m'est une douceur à nulle autre pareille.

BELISE

Ce sont repas friands qu'on donne à mon oreille.

PHILAMINTE

Ne faites point languir de si pressans desirs.

ARMANDE

Dépeschez.

BELISE

Faites tost, et hastez nos plaisirs.

PHILAMINTE

A nostre impatience offrez votre Epigramme.

TRISSOTIN

Hélas! c'est un enfant tout nouveau-né, Madame.
Son sort assurément a lieu de vous toucher,
Et c'est dans vostre court que j'en viens d'accoucher.

PHILAMINTE

Pour me le rendre cher il suffit de son Père.

TRISSOTIN

Vostre approbation luy peut servir de Mère.

BELISE

Qu'il a d'esprit!

SCÈNE II

HENRIETTE, PHILAMINTE, ARMANDE, BELISE
TRISSOTIN, L'ÉPINE

PHILAMINTE

Hola, pourquoy donc fuyez-vous ?

HENRIETTE

C'est de peur de troubler un entretien si doux.

PHILAMINTE

Approchez, et venez de toutes vos oreilles
Prendre part au plaisir d'entendre des merveilles

HENRIETTE

Je sçay peu les beautez de tout ce qu'on écrit,
Et ce n'est pas mon fait que les choses d'esprit.

PHILAMINTE

Il n'importe ; aussi-bien ay-je à vous dire en suite
Un secret dont il faut que vous soyez instruite.

TRISSOTIN

Les Sciences n'ont rien qui vous puisse enflâmer,
Et vous ne vous piquez que de sçavoir charmer.

HENRIETTE

Aussi peu l'un que l'autre; et je n'ay nulle envie...

BELISE

Ah! songeons à l'Enfant nouveau-né, je vous prie.

PHILAMINTE

Allons, petit Garçon, viste, dequoy s'assoir.

Le laquais tombe avec la chaise.

Voyez l'Impertinent! Est-ce que l'on doit choir,
Après avoir appris l'équilibre des choses ?

BELISE

De ta chute, Ignorant, ne vois-tu pas les causes,
Et qu'elle vient d'avoir du point fixe écarté
Ce que nous appellons centre de gravité ?

L'ÉPINE

Je m'en suis apperçeu, Madame, estant par terre.

PHILAMINTE

Le Lourdaut!

TRISSOTIN

Bien luy prend de n'estre pas de verre.

ARMANDE

Ah! de l'esprit par tout!

BELISE

Cela ne tarit pas.

PHILAMINTE

Servez-nous promptement vostre aimable Repas.

TRISSOTIN

Pour cette grande faim qu'à mes yeux on expose,
Un Plat seul de huit Vers me semble peu de chose,
Et je pense qu'icy je ne feray pas mal
De joindre à l'Epigramme, ou bien au Madrigal,
Le ragoust d'un Sonnet qui chez une Princesse
A passé pour avoir quelque délicatesse.
Il est de sel attique assaisonné par tout,
Et vous le trouverez, je croy, d'assez bon goust.

ARMANDE

Ah je n'en doute point.

PHILAMINTE

Donnons viste audiance.

BELISE. (*A chaque fois qu'il veut lire, elle l'interrompt.*)

Je sens d'aise mon cœur tressaillir par avance.
J'aime la Poësie avec entestement,
Et sur tout quand les Vers sont tournez galamment.

PHILAMINTE

Si nous parlons toûjours, il ne pourra rien dire.

TRISSOTIN

SO...

XXX.   8

BELISE

Silence, ma Nièce.

TRISSOTIN

SONNET

A LA PRINCESSE URANIE

SUR SA FIEVRE

Vostre prudence est endormie,
De traitter magnifiquement
Et de loger superbement
Vostre plus cruelle Ennemie.

BELISE

Ah le joly début!

ARMANDE

Qu'il a le tour galant!

PHILAMINTE

Luy seul des Vers aisez possède le talent!

ARMANDE

A *prudence endormie* il faut rendre les armes.

BELISE

Loger son Ennemie est pour moy plein de charmes.

PHILAMINTE

J'aime *superbement* et *magnifiquement;*
Ces deux adverbes joints font admirablement.

BELISE

Prestons l'oreille au reste.

TRISSOTIN

Vostre prudence est endormie,
De traitter magnifiquement
Et de loger superbement
Vostre plus cruelle Ennemie.

ARMANDE

Prudence endormie!

BELISE

Loger son Ennemie!

PHILAMINTE

Superbement et magnifiquement!

TRISSOTIN

Faites-la sortir, quoy qu'on die,
De vostre riche Apartement,
Où cette Ingrate insolemment
Attaque vostre belle vie.

BELISE

Ah tout-doux, laissez-moy, de grâce, respirer!

ARMANDE

Donnez-nous, s'il vous plaist, le loisir d'admirer!

PHILAMINTE

On se sent, à ces Vers, jusques au fond de l'âme
Couler je-ne-sçay-quoy qui fait que l'on se pâme.

ARMANDE

Faites-la sortir, quoy qu'on die,
De vostre riche Apartement.
Que *riche Apartement* est là joliment dit !
Et que la métaphore est mise avec esprit !

PHILAMINTE

Faites-la sortir, quoy qu'on die.
Ah ! que ce *quoy qu'on die* est d'un goust admirable !
C'est, à mon sentiment, un endroit impayable.

ARMANDE

De *quoy qu'on die* aussi mon cœur est amoureux.

BELISE

Je suis de vostre avis, *quoy qu'on die* est heureux.

ARMANDE

Je voudrois l'avoir fait.

BELISE

Il vaut toute une Pièce.

PHILAMINTE

Mais en comprend-on bien comme moy la finesse ?

ARMANDE ᴇᴛ BELISE
Oh! oh!

PHILAMINTE

Faites-la sortir, quoy qu'on die.
Que de la Fièvre on prenne icy les intérests;
N'ayez aucun égard, moquez-vous des caquets.
Faites-la sortir, quoy qu'on die,
Quoy qu'on die, quoy qu'on die.
Ce *quoy qu'on die* en dit beaucoup plus qu'il ne semble.
Je ne sçay pas, pour moy, si chacun me ressemble,
Mais j'entens là-dessous un million de mots.

BELISE

Il est vray qu'il dit plus de choses qu'il n'est gros.

PHILAMINTE

Mais, quand vous avez fait ce charmant *quoy qu'on die*,
Avez-vous compris, vous, toute son énergie ?
Songiez-vous bien vous-mesme à tout ce qu'il nous dit,
Et pensiez-vous alors y mettre tant d'esprit ?

TRISSOTIN

Hay! hay!

ARMANDE

J'ay fort aussi l'*Ingrate* dans la teste,
Cette ingrate de Fièvre, injuste, mal-honneste,
Qui traitte mal les Gens qui la logent chez eux.

PHILAMINTE

Enfin les Quatrains sont admirables tous deux.
Venons-en promptement aux Tiercets, je vous prie.

ARMANDE

Ah, s'il vous plaist, encore une fois *quoy qu'on die!*

TRISSOTIN

Faites-la sortir, quoi qu'on die...

PHILAMINTE, ARMANDE ᴇᴛ BELISE

Quoy qu'on die!

TRISSOTIN

De vostre riche Apartement...

PHILAMINTE, ARMANDE ᴇᴛ BELISE

Riche Apartement!

TRISSOTIN

Où cette Ingrate insolemment...

PHILAMINTE, ARMANDE ᴇᴛ BELISE

Cette *ingrate* de Fièvre!

TRISSOTIN

Attaque vostre belle vie.

PHILAMINTE

Vostre belle vie!

ARMANDE ᴇᴛ BELISE

Ah!

TRISSOTIN

Quoy, sans respecter vostre rang,
Elle se prend à vostre sang...

PHILAMINTE, ARMANDE et BELISE

Ah !

TRISSOTIN

Et nuit et jour vous fait outrage ?
Si vous la conduisez aux Bains,
Sans la marchander davantage,
Noyez-la de vos propres mains !

PHILAMINTE

On n'en peut plus.

BELISE

On pâme.

ARMANDE

On se meurt de plaisir.

PHILAMINTE

De mille doux frissons vous vous sentez saisir.

ARMANDE

Si vous la conduisez aux Bains...

BELISE

Sans la marchander davantage...

PHILAMINTE

Noyez-la de vos propres mains.
De vos propres mains, là, noyez-la dans les Bains.

ARMANDE

Chaque pas dans vos Vers rencontre un trait charmant.

BELISE

Par tout on s'y promène avec ravissement.

PHILAMINTE

On n'y sçauroit marcher que sur de belles choses.

ARMANDE

Ce sont petits chemins tout parsemez de roses.

TRISSOTIN

Le Sonnet donc vous semble...

PHILAMINTE

                    Admirable, nouveau,
Et personne jamais n'a rien fait de si beau.

BELISE

Quoy, sans émotion pendant cette lecture ?
Vous faites là, ma Nièce, une étrange Figure !

HENRIETTE

Chacun fait icy-bas la Figure qu'il peut,
Ma Tante ; et Bel Esprit, il ne l'est pas qui veut.

TRISSOTIN

Peut-estre que mes Vers importunent madame ?

HENRIETTE

Point, je n'écoute pas.

PHILAMINTE

Ah! voyons l'Epigramme!

TRISSOTIN

SUR UN CAROSSE DE COULEUR AMARANTE

DONNÉ A UNE DAME DE SES AMIES

PHILAMINTE

Ses Titres ont toûjours quelque chose de rare.

ARMANDE

A cent beaux traits d'Esprit leur nouveauté prépare.

TRISSOTIN

L'Amour si chèrement m'a vendu son lien...

BELISE, ARMANDE et PHILAMINTE

Ah !

TRISSOTIN

Qu'il m'en couste déjà la moitié de mon bien.
Et, quand tu vois ce beau Carosse
Où tant d'or se relève en bosse
Qu'il étonne tout le Païs
Et fait pompeusement triompher ma Lays...

XXX.   9

PHILAMINTE

Ah ! *ma Lays !* Voilà de l'érudition !

BELISE

L'envelope est jolie, et vaut un million.

TRISSOTIN

Et, quand tu vois ce beau Carosse
Ou tant d'or se relève en bosse
Qu'il étonne tout le Païs
Et fait pompeusement triompher ma Lays,
Ne dy plus qu'il est Amarente,
Dy plutost qu'il est de ma Rente.

ARMANDE

Oh, oh, oh! Celuy-là ne s'attend point du tout.

PHILAMINTE

On n'a que luy qui puisse écrire de ce goust.

BELISE

Ne dy plus qu'il est Amarante,
Dy plutost qu'il est de ma Rente,
Voilà qui se décline : *ma Rente, de ma Rente, à ma Rente.*

PHILAMINTE

Je ne sçay, du moment que je vous ay connu,
Si sur vostre sujet j'ay l'esprit prévenu,
Mais j'admire par tout vos Vers et vostre Prose.

TRISSOTIN

Si vous vouliez de vous nous montrer quelque chose,
A nostre tour aussi nous pourrions admirer.

PHILAMINTE

Je n'ay rien fait en Vers; mais j'ay lieu d'espérer
Que je pourray bientost vous montrer, en Amie,
Huit Chapitres du Plan de nostre Académie.
Platon s'est au projet simplement arresté,
Quand de sa République il a fait le Traitté;
Mais à l'effet entier je veux pousser l'idée
Que j'ay sur le papier en Prose accommodée :
Car enfin je me sens un étrange dépit
Du tort que l'on nous fait du costé de l'Esprit;
Et je veux nous vanger, toutes tant que nous sommes,
De cette indigne Classe où nous rangent les Hommes;
De borner nos talens à des futilitez
Et nous fermer la porte aux sublimes clartez.

ARMANDE

C'est faire à nostre Sexe une trop grande offence,
De n'étendre l'effort de nostre intelligence
Qu'à juger d'une Jupe et de l'air d'un Manteau,
Ou des beautez d'un Point, ou d'un Brocard nouveau.

BELISE

Il faut se relever de ce honteux partage,
Et mettre hautement nostre Esprit hors de Page.

TRISSOTIN

Pour les Dames on sçait mon respect en tous lieux;
Et, si je rens hommage aux brillans de leurs yeux,
De leur esprit aussi j'honore les lumières.

PHILAMINTE

Le Sexe aussi vous rend justice en ces matières;
Mais nous voulons montrer à de certains Esprits,
Dont l'orgueilleux sçavoir nous traite avec mépris,
Que de Science aussi les Femmes sont meublées;
Qu'on peut faire comme eux de doctes Assemblées,
Conduites en cela par des ordres meilleurs;
Qu'on y veut reünir ce qu'on sépare ailleurs,
Mesler le beau Langage et les hautes Sciences,
Découvrir la Nature en mille expériences,
Et, sur les Questions qu'on pourra proposer,
Faire entrer chaque Secte, et n'en point épouser.

TRISSOTIN

Je m'attache, par l'ordre, au Péripatétisme.

PHILAMINTE

Pour les abstractions, j'aime le Platonisme.

ARMANDE

Epicure me plaist, et ses Dogmes sont forts.

BELISE

Je m'accommode assez, pour moy, des petits Corps;

Mais le Vuide à souffrir me semble difficile,
Et je gouste bien mieux la matière subtile.

TRISSOTIN

Descartes, pour l'Ayman, donne fort dans mon sens.

ARMANDE

J'aime ses tourbillons.

PHILAMINTE

Moy, ses Mondes tombans.

ARMANDE

Il me tarde de voir nostre Assemblée ouverte,
Et de nous signaler par quelque découverte.

TRISSOTIN

On en attend beaucoup de vos vives clartez,
Et pour vous la Nature a peu d'obscuritez.

PHILAMINTE

Pour moy, sans me flatter, j'en ay déjà fait une,
Et j'ay veu clairement des Hommes dans la Lune.

BELISE

Je n'ay point encor veu d'Hommes, comme je croy;
Mais j'ay veu des Clochers tout comme je vous voy.

ARMANDE

Nous approfondirons, ainsi que la Physique,

Grammaire, Histoire, Vers, Morale et Politique.

PHILAMINTE

La Morale a des traits dont mon cœur est épris,
Et c'estoit autrefois l'amour des grands Esprits;
Mais aux Stoïciens je donne l'avantage,
Et je ne trouve rien de si beau que leur Sage.

ARMANDE

Pour la Langue, on verra dans peu nos Reglemens,
Et nous y prétendons faire des remuëmens.
Par une antipathie ou juste ou naturelle,
Nous avons pris chacune une haine mortelle
Pour un nombre de mots, soit ou verbes ou noms,
Que mutuellement nous nous abandonnons;
Contr'eux nous préparons de mortelles Sentences,
Et nous devons ouvrir nos doctes Conférences
Par les proscriptions de tous ces mots divers
Dont nous voulons purger et la Prose et les Vers.

PHILAMINTE

Mais le plus beau projet de nostre Académie,
Une entreprise noble et dont je suis ravie,
Un dessein plein de gloire, et qui sera vanté
Chez tous les beaux Esprits de la Postérité,
C'est le retranchement de ces sillabes sales
Qui dans les plus beaux mots produisent des scandales,

Ces joüets éternels des Sots de tous les temps,
Ces fades lieux-communs de nos méchans Plaisans,
Ces sources d'un amas d'équivoques infames
Dont on vient faire insulte à la pudeur des Femmes.

TRISSOTIN

Voilà certainement d'admirables projets.

BELISE

Vous verrez nos Statuts quand ils seront tous faits.

TRISSOTIN

Ils ne sçauroient manquer d'estre tous beaux et sages.

ARMANDE

Nous serons par nos Loix les Juges des Ouvrages,
Par nos Loix, Prose et Vers, tout nous sera soûmis.
Nul n'aura de l'esprit, hors nous et nos Amis.
Nous chercherons par tout à trouver à redire,
Et ne verrons que nous qui sçache bien écrire.

SCÈNE III

L'ÉPINE, TRISSOTIN, PHILAMINTE, BELISE,
ARMANDE, HENRIETTE, VADIUS

L'ÉPINE

Monsieur, un Homme est là qui veut parler à vous.
Il est vestu de noir et parle d'un ton doux.

TRISSOTIN

C'est cet Amy sçavant qui m'a fait tant d'instance
De luy donner l'honneur de vostre connoissance.

PHILAMINTE

Pour le faire venir vous avez tout crédit.
Faisons bien les honneurs au moins de nostre Esprit.
Hola, je vous ay dit en paroles bien claires
Que j'ay besoin de vous.

HENRIETTE

          Mais pour quelles affaires ?

PHILAMINTE

Venez, on va dans peu vous les faire sçavoir.

TRISSOTIN

Voicy l'Homme qui meurt du desir de vous voir.
En vous le produisant, je ne crains point le blâme
D'avoir admis chez vous un Profane, Madame :
Il peut tenir son coin parmy les beaux Esprits.

PHILAMINTE

La main qui le présente en dit assez le prix.

TRISSOTIN

Il a des Vieux Autheurs la pleine intelligence,
Et sçait du Grec, Madame, autant qu'Homme de France.

PHILAMINTE

Du Grec, ô Ciel ! du Grec ! Il sait du Grec, ma Sœur !

BELISE

Ah ! ma Nièce, du Grec !

ARMANDE

Du Grec ! Quelle douceur !

PHILAMINTE

Quoy ! Monsieur sçait du Grec ? Ah ! permettez, de grâce,
Que pour l'amour du Grec, Monsieur, on vous embrasse.

Il les baise toutes, jusques à Henriette, qui le refuse.

HENRIETTE

Excusez-moy, Monsieur, je n'entens pas le Grec.

PHILAMINTE

J'ay pour les Livres Grecs un merveilleux respect.

VADIUS

Je crains d'estre fâcheux par l'ardeur qui m'engage
A vous rendre aujourd'huy, Madame, mon hommage,
Et j'auray pû troubler quelque docte entretien.

PHILAMINTE

Monsieur, avec du Grec on ne peut gaster rien.

TRISSOTIN

Au reste, il fait merveille en Vers ainsi qu'en Prose
XXX.　　　　　　　　　　　　　　　　10

Et pourroit, s'il vouloit, vous montrer quelque chose.

VADIUS

Le défaut des Autheurs dans leurs productions,
C'est d'en tyranniser les Conversations;
D'estre au Palais, au Cours, aux Ruelles, aux Tables,
De leurs Vers fatigans Lecteurs infatigables.
Pour moy, je ne voy rien de plus sot, à mon sens,
Qu'un Autheur qui par tout va gueuser des encens;
Qui, des premiers-venus saisissant les oreilles,
En fait le plus souvent les martirs de ses veilles.
On ne m'a jamais veu ce fol entestement,
Et d'un Grec là-dessus je suy le sentiment,
Qui par un dogme exprés défend à tous ses Sages
L'indigne empressement de lire leurs Ouvrages.
Voicy de petits Vers pour de jeunes Amans,
Surquoy je voudrois bien avoir vos sentimens.

TRISSOTIN

Vos Vers ont des beautez que n'ont point tous les autres.

VADIUS

Les Graces et Vénus regnent dans tous les vostres.

TRISSOTIN

Vous avez le tour libre et le beau choix des mots.

VADIUS

On voit par tout chez vous l'*Ithos* et le *Pathos*.

TRISSOTIN

Nous avons veu de vous des Eglogues d'un stile
Qui passe en doux attraits Théocrite et Virgile.

VADIUS

Vos Odes ont un air noble, galant et dous,
Qui laisse de bien loin vostre Horace après vous.

TRISSOTIN

Est-il rien d'amoureux comme vos Chansonnettes ?

VADIUS

Peut-on voir rien d'égal aux Sonnets que vous faites ?

TRISSOTIN

Rien qui soit plus charmant que vos petits Rondeaux ?

VADIUS

Rien de si plein d'esprit que tous vos Madrigaux ?

TRISSOTIN

Aux Balades sur tout vous estes admirable.

VADIUS

Et dans les Bouts-rimez je vous trouve adorable.

TRISSOTIN

Si la France pouvoit connoistre vostre prix...

VADIUS

Si le Siècle rendoit justice aux beaux Esprits...

TRISSOTIN

En Carosse doré vous iriez par les Ruës.

VADIUS

On verroit le Public vous dresser des Statuës.
Hom! C'est une Balade, et je veux que tout net
Vous m'en...

TRISSOTIN

Avez-vous veu certain petit Sonnet
Sur la Fièvre qui tient la Princesse Uranie ?

VADIUS

Oüy. Hier il me fut leû dans une Compagnie.

TRISSOTIN

Vous en sçavez l'Autheur ?

VADIUS

Non; mais je sçay fort bien
Qu'à ne le point flatter, son Sonnet ne vaut rien.

TRISSOTIN

Beaucoup de Gens pourtant le trouvent admirable.

VADIUS

Cela n'empesche pas qu'il ne soit misérable;
Et, si vous l'avez-veu, vous serez de mon goust.

TRISSOTIN

Je sçay que là-dessus je n'en suis point du tout,

Et que d'un tel Sonnet peu de Gens sont capables. .

VADIUS

Me préserve le Ciel d'en faire de semblables!

TRISSOTIN

Je soûtiens qu'on ne peut en faire de meilleur;
Et ma grande raison, c'est que j'en suis l'Autheur.

VADIUS

Vous ?

TRISSOTIN

Moy.

VADIUS

Je ne sçay donc comment se fit l'affaire.

TRISSOTIN

C'est qu'on fut malheureux de ne pouvoir vous plaire.

VADIUS

Il faut qu'en écoutant j'aye eû l'esprit distrait,
Ou bien que le Lecteur m'ait gasté le Sonnet.
Mais laissons ce discours, et voyons ma Balade.

TRISSOTIN

La Balade, à mon goust, est une chose fade.
Ce n'en est plus la mode. Elle sent son vieux temps.

VADIUS

La Balade pourtant charme beaucoup de Gens.

TRISSOTIN

Cela n'empesche pas qu'elle ne me déplaise.

VADIUS

Elle n'en reste pas pour cela plus mauvaise.

TRISSOTIN

Elle a pour les Pédans de merveilleux appas.

VADIUS

Cependant nous voyons qu'elle ne vous plaist pas.

TRISSOTIN

Vous donnez sottement vos qualitez aux autres.

VADIUS

Fort impertinemment vous me jettez les vostres.

TRISSOTIN

Allez, petit Grimaut, Barbouilleur de Papier!

VADIUS

Allez, Rimeur de Bale, opprobre du Mestier!

TRISSOTIN

Allez, Fripier d'Ecrits, impudent Plagiaire!

VADIUS

Allez, Cuistre...

PHILAMINTE

Eh ! Messieurs, que prétendez-vous faire ?

TRISSOTIN

Va, va restituer tous les honteux larcins
Que réclament sur toy les Grecs et les Latins !

VADIUS

Va, va-t-en faire amende honorable au Parnasse
D'avoir fait à tes Vers estropier Horace !

TRISSOTIN

Souviens-toy de ton Livre et de son peu de bruit !

VADIUS

Et toy, de ton Libraire à l'Hospital réduit !

TRISSOTIN

Ma gloire est établie, en vain tu la déchires.

VADIUS

Oüy, oüy, je te renvoye à l'Autheur des *Satires*.

TRISSOTIN

Je t'y renvoye aussy.

VADIUS

J'ay le contentement
Qu'on voit qu'il m'a traitté plus honorablement.
Il me donne en passant une atteinte légère

Parmy plusieurs Autheurs qu'au Palais on révère ;
Mais jamais dans ses Vers il ne te laisse en paix,
Et l'on t'y voit par tout estre en butte à ses traits.

TRISSOTIN

C'est par là que j'y tiens un rang plus honorable.
Il te met dans la foule ainsi qu'un Misérable ;
Il croit que c'est assez d'un coup pour t'accabler,
Et ne t'a jamais fait l'honneur de redoubler ;
Mais il m'attaque à part comme un noble Aversaire
Sur qui tout son effort luy semble nécessaire ;
Et ses coups, contre moy redoublez en tous lieux,
Montrent qu'il ne se croit jamais victorieux.

VADIUS

Ma plume t'apprendra quel Homme je puis estre.

TRISSOTIN

Et la mienne sçaura te faire voir ton Maistre.

VADIUS

Je te défie en Vers, Prose, Grec et Latin.

TRISSOTIN

Hé bien ! nous nous verrons seul-à-seul chez Barbin.

SCÈNE IV

TRISSOTIN, PHILAMINTE, ARMANDE
BELISE, HENRIETTE

TRISSOTIN

A mon emportement ne donnez aucun blâme :
C'est vostre jugement que je défends, Madame,
Dans le Sonnet qu'il a l'audace d'attaquer.

PHILAMINTE

A vous remettre bien je me veux appliquer.
Mais parlons d'autre affaire. Approchez, Henriette.
Depuis assez longtemps mon âme s'inquiète
De ce qu'aucun esprit en vous ne se fait voir;
Mais je trouve un moyen de vous en faire avoir.

HENRIETTE

C'est prendre un soin pour moy qui n'est pas nécessaire.
Les doctes entretiens ne sont point mon affaire.
J'aime à vivre aisément, et dans tout ce qu'on dit
Il faut se trop peiner pour avoir de l'esprit.
C'est une ambition que je n'ay point en teste.
Je me trouve fort bien, ma Mere, d'estre Beste,
Et j'aime mieux n'avoir que de communs propos
Que de me tourmenter pour dire de beaux mots.
XXX.   11

PHILAMINTE

Oüy; mais j'y suis blessée, et ce n'est pas mon conte
De souffrir dans mon sang une pareille honte.
La beauté du Visage est un fresle ornement,
Une fleur passagère, un éclat d'un moment,
Et qui n'est attaché qu'à la simple épiderme;
Mais celle de l'Esprit est inhérente et ferme.
J'ay donc cherché longtemps un biais de vous donner
La beauté que les ans ne peuvent moissonner,
De faire entrer chez vous le desir des Sciences,
De vous insinüer les belles connoissances;
Et la pensée enfin où mes vœux ont souscrit,
C'est d'attacher à vous un Homme plein d'esprit,
Et cet Homme est Monsieur, que je vous détermine
A voir comme l'Epous que mon choix vous destine.

HENRIETTE

Moy, ma Mère?

PHILAMINTE

Oüy, vous. Faites la Sotte un peu!

BELISE

Je vous entens. Vos yeux demandent mon aveu
Pour engager ailleurs un cœur que je possède.
Allez, je le veux bien. A ce nœu je vous cède :
C'est un Hymen qui fait vostre établissement.

TRISSOTIN

Je ne sçay que vous dire en mon ravissement,
Madame, et cet Hymen dont je voy qu'on m'honore
Me met...

HENRIETTE

Tout beau, Monsieur! il n'est pas fait encore;
Ne vous pressez pas tant.

PHILAMINTE

Comme vous répondez!
Sçavez-vous bien que si... Suffit, vous m'entendez.
Elle se rendra sage. Allons, laissons-la faire.

SCÈNE V

HENRIETTE, ARMANDE

ARMANDE

On voit briller pour vous les soins de nostre Mère;
Et son choix ne pouvoit d'un plus illustre Epous...

HENRIETTE

Si le choix est si beau, que ne le prenez-vous ?

ARMANDE

C'est à vous, non à moy, que sa main est donnée.

HENRIETTE

Je vous le cède tout, comme à ma Sœur aisnée.

ARMANDE

Si l'Hymen, comme à vous, me paroissoit charmant,
J'accepterois vostre offre avec ravissement.

HENRIETTE

Si j'avois, comme vous, les Pédans dans la teste,
Je pourrois le trouver un Party fort honneste.

ARMANDE

Cependant, bien qu'icy nos gousts soient diférens,
Nous devons obeïr, ma Sœur, à nos Parens ;
Une Mère a sur nous une entière puissance,
Et vous croyez en vain par vostre résistance...

SCÈNE VI

CHRISALE, ARISTE, CLITANDRE
HENRIETTE, ARMANDE

CHRISALE

Allons, ma Fille, il faut approuver mon dessein.
Ostez ce Gand. Touchez à Monsieur dans la main,
Et le considérez désormais dans vostre ame
En Homme dont je veux que vous soyez la Femme.

ARMANDE

De ce costé, ma Sœur, vos panchans sont fort grands.

HENRIETTE

Il nous faut obeïr, ma Sœur, à nos Parens ;
Un Père a sur nos vœux une entière puissance.

ARMANDE

Une Mère a sa part à nostre obeïssance.

CHRISALE

Qu'est-ce à dire ?

ARMANDE

Je dis que j'appréhende fort
Qu'icy ma Mère et vous ne soyez pas d'accord,
Et c'est un autre Epous...

CHRISALE

Taisez-vous, Péronelle !
Allez philosopher tout le saoul avec elle,
Et de mes actions ne vous meslez en rien.
Dites-luy ma pensée, et l'avertissez bien
Qu'elle ne vienne pas m'échauffer les oreilles.
Allons, viste !

ARISTE

Fort bien; vous faites des merveilles.

CLITANDRE

Quel transport ! quelle joye ! Ah ! que mon sort est dous !

CHRISALE

Allons, prenez sa main, et passez devant nous,

Menez-la dans sa Chambre. Ah! les douces caresses!
Tenez, mon cœur s'émeut à toutes ces tendresses;
Cela ragaillardit tout-à-fait mes vieux-jours,
Et je me ressouviens de mes jeunes amours.

CHRISALE
Touchez à Monsieur dans la main

ACTE IV

SCÈNE PREMIÈRE

ARMANDE, PHILAMINTE

ARMANDE.

UY, rien n'a retenu son esprit
en balance.
Elle a fait vanité de son obeïs-
sance.
Son cœur, pour se livrer, à
peine devant moy
S'est-il donné le temps d'en
recevoir la loy,
Et sembloit suivre moins les volontez d'un Père
Qu'affecter de braver les ordres d'une Mère.

PHILAMINTE

Je luy montreray bien aux loix de qui des deux
Les droits de la Raison soûmettent tous ses vœux,
Et qui doit gouverner, ou sa Mère ou son Père,
Ou l'esprit ou le corps, la forme ou la matière.

ARMANDE

On vous en devoit bien au moins un compliment,
Et ce petit Monsieur en use étrangement
De vouloir malgré vous devenir vostre Gendre.

PHILAMINTE

Il n'en est pas encor où son cœur peut prétendre.
Je le trouvois bien fait, et j'aimois vos amours;
Mais, dans ses procédez, il m'a déplû toûjours.
Il sçait que, Dieu mercy, je me mesle d'écrire,
Et jamais il ne m'a prié de luy rien lire.

SCÈNE II

CLITANDRE *entrant doucement et évitant de se montrer,*
ARMANDE, PHILAMINTE

ARMANDE

Je ne souffrirois point, si j'estois que de vous,
Que jamais d'Henriette il pût estre l'Epous.
On me feroit grand tort d'avoir quelque pensée

Que là-dessus je parle en Fille intéressée,
Et que le lâche tour que l'on voit qu'il me fait
Jette au fond de mon cœur quelque dépit secret.
Contre de pareils coups l'âme se fortifie
Du solide secours de la Philosophie,
Et par elle on se peut mettre au-dessus de tout;
Mais vous traitter ainsi, c'est vous pousser à bout.
Il est de vostre honneur d'estre à ses vœux contraire,
Et c'est un Homme enfin qui ne doit point vous plaire.
Jamais je n'ay connu, discourant entre nous,
Qu'il eust au fond du cœur de l'estime pour vous.

PHILAMINTE

Petit Sot!

ARMANDE

Quelque bruit que vostre gloire fasse,
Toûjours à vous loüer il a paru de glace.

PHILAMINTE

Le Brutal!

ARMANDE

Et vingt fois, comme Ouvrages nouveaux,
J'ay leû des Vers de vous qu'il n'a point trouvé beaux.

PHILAMINTE

L'Impertinent!

ARMANDE

Souvent nous en estions aux prises;
Et vous ne croiriez point de combien de sottises...

XXX.   12

CLITANDRE

Eh! doucement, de grace. Un peu de charité,
Madame, ou tout au moins un peu d'honnesteté.
Quel mal vous ay-je fait? et quelle est mon offence,
Pour armer contre moy toute vostre éloquence,
Pour vouloir me détruire, et prendre tant de soin
De me rendre odieux aux Gens dont j'ay besoin?
Parlez, dites, d'où vient ce courroux effroyable?
Je veux bien que Madame en soit Juge équitable.

ARMANDE

Si j'avois le courroux dont on veut m'accuser,
Je trouverois assez dequoy l'authoriser.
Vous en seriez trop digne, et les premières flames
S'établissent des droits si sacrez sur les âmes
Qu'il faut perdre fortune et renoncer au jour
Plutost que de bruler des feux d'un autre amour.
Au changement de vœux nulle horreur ne s'égale,
Et tout cœur infidelle est un Monstre en Morale.

CLITANDRE

Appellez-vous, Madame, une infidélité
Ce que m'a de vostre âme ordonné la fierté?
Je ne fais qu'obeïr aux loix qu'elle m'impose,
Et, si je vous offence, elle seule en est cause.
Vos charmes ont d'abord possédé tout mon cœur.
Il a brulé deux ans d'une constante ardeur;

Il n'est soins empressez, devoirs, respects, services,
Dont il ne vous ait fait d'amoureux sacrifices.
Tous mes feux, tous mes soins, ne peuvent rien sur vous;
Je vous trouve contraire à mes vœux les plus dous :
Ce que vous refusez, je l'offre au choix d'une autre.
Voyez : est-ce, Madame, ou ma faute ou la vostre ?
Mon cœur court-il au change, ou si vous l'y poussez ?
Est-ce moy qui vous quitte, ou vous qui me chassez ?

ARMANDE

Appellez-vous, Monsieur, estre à vos vœux contraire
Que de leur arracher ce qu'ils ont de vulgaire,
Et vouloir les réduire à cette pureté
Où du parfait amour consiste la beauté ?
Vous ne sçauriez pour moy tenir vostre pensée
Du commerce des sens nette et débarassée,
Et vous ne goustez point dans ses plus doux appas
Cette union des cœurs où les corps n'entrent pas.
Vous ne pouvez aimer que d'une amour grossière,
Qu'avec tout l'attirail des nœuds de la matière ;
Et, pour nourrir les feux que chez vous on produit,
Il faut un Mariage, et tout ce qui s'ensuit.
Ah ! quel étrange amour ! et que les belles âmes
Sont bien loin de brûler de ces terrestres flames !
Les sens n'ont point de part à toutes leurs ardeurs,
Et ce beau feu ne veut marier que les cœurs ;

Comme une chose indigne il laisse là le reste.
C'est un feu pur et net comme le feu céleste ;
On ne pousse avec luy que d'honnestes soûpirs,
Et l'on ne panche point vers les sales desirs.
Rien d'impur ne se mesle au but qu'on se propose.
On aime pour aimer, et non pour autre chose.
Ce n'est qu'à l'esprit seul que vont tous les transports,
Et l'on ne s'aperçoit jamais qu'on ait un corps.

CLITANDRE

Pour moy, par un malheur, je m'apperçois, Madame,
Que j'ay, ne vous déplaise, un corps tout comme une âme;
Je sens qu'il y tient trop pour le laisser à part ;
De ces détachemens je ne connois point l'art;
Le Ciel m'a dénié cette Philosophie,
Et mon âme et mon corps marchent de compagnie.
Il n'est rien de plus beau, comme vous avez dit,
Que ces vœux épurez qui ne vont qu'à l'esprit.
Ces unions de cœurs, et ces tendres pensées
Du commerce des sens si bien débarrassées ;
Mais ces amours pour moy sont trop subtilisez :
Je suis un peu grossier, comme vous m'accusez;
J'aime avec tout moy-mesme, et l'amour qu'on me donne
En veut, je le confesse, à toute la personne.
Ce n'est pas là matiere à de grands chastimens ;
Et, sans faire de tort à vos beaux sentimens,

Je voy que dans le Monde on suit fort ma méthode,
Et que le Mariage est assez à la mode,
Passe pour un lien assez honneste et dous,
Pour avoir desiré de me voir vostre Epous,
Sans que la liberté d'une telle pensée
Ait dû vous donner lieu d'en paroistre offencée.

ARMANDE

Hé bien, Monsieur, hé bien, puis que, sans m'écouter,
Vos sentimens brutaux veulent se contenter ;
Puis que, pour vous réduire à des ardeurs fidelles,
Il faut des nœuds de chair, des chaînes corporelles,
Si ma Mère le veut, je résous mon esprit
A consentir pour vous à ce dont il s'agit.

CLITANDRE

Il n'est plus temps, Madame : une autre a pris la place,
Et par un tel retour j'aurois mauvaise grâce
De mal-traiter l'azile et blesser les bontez
Où je me suis sauvé de toutes vos fiertez.

PHILAMINTE

Mais enfin contez-vous, Monsieur, sur mon sufrage,
Quand vous vous promettez cet autre Mariage ?
Et, dans vos visions, sçavez-vous, s'il vous plaist,
Que j'ay pour Henriette un autre épous tout prest ?

CLITANDRE

Eh ! Madame, voyez vostre choix, je vous prie ;

Exposez-moy, de grâce, à moins d'ignominie,
Et ne me rangez pas à l'indigne destin
De me voir le Rival de Monsieur Trissotin.
L'amour des beaux Esprits, qui chez vous m'est contraire,
Ne pouvoit m'opposer un moins noble Aversaire.
Il en est, et plusieurs, que, pour le bel esprit,
Le mauvais goust du Siecle a sçeu mettre en crédit;
Mais Monsieur Trissotin n'a pû duper personne,
Et chacun rend justice aux Ecrits qu'il nous donne.
Hors céans, on le prise en tous lieux ce qu'il vaut;
Et ce qui m'a vingt fois fait tomber de mon haut,
C'est de vous voir au Ciel élever des sornettes
Que vous desavoûriez si vous les aviez faites.

PHILAMINTE

Si vous jugez de luy tout autrement que nous,
C'est que nous le voyons par d'autres yeux que vous.

SCÈNE III

TRISSOTIN, ARMANDE, PHILAMINTE, CLITANDRE

TRISSOTIN

Je viens vous annoncer une grande nouvelle.
Nous l'avons, en dormant, Madame, échapé belle :
Un Monde près de nous a passé tout du long,
Est cheû tout au travers de nostre tourbillon;

Et, s'il eust en chemin rencontré nostre terre,
Elle eust esté brisée en morceaux, comme verre

PHILAMINTE

Remettons ce discours pour une autre saison,
Monsieur n'y trouveroit ny rime ny raison ;
Il fait profession de chérir l'ignorance,
Et de haïr sur tout l'Esprit et la Science.

CLITANDRE

Cette vérité veut quelque adoucissement.
Je m'explique, Madame, et je hais seulement
La Science et l'Esprit qui gastent les personnes.
Ce sont choses de soy qui sont belles et bonnes ;
Mais j'aimerois mieux estre au rang des Ignorans
Que de me voir sçavant comme certaines Gens.

TRISSOTIN

Pour moy, je ne tiens pas, quelque effet qu'on supose,
Que la Science soit pour gaster quelque chose.

CLITANDRE

Et c'est mon sentiment qu'en faits comme en propos
La Science est sujette à faire de grands Sots.

TRISSOTIN

Le paradoxe est fort.

CLITANDRE

                        Sans estre fort habile,

La preuve m'en seroit, je pense, assez facile.
Si les raisons manquoient, je suis sûr qu'en tout cas
Les exemples fameux ne me manqueroient pas.

TRISSOTIN

Vous en pourriez citer qui ne concluroient guère.

CLITANDRE

Je n'irois pas bien loin pour trouver mon affaire.

TRISSOTIN

Pour moy, je ne voy pas ces exemples fameux.

CLITANDRE

Moy, je les voy si bien qu'ils me crèvent les yeux.

TRISSOTIN

J'ay crû jusques icy que c'estoit l'Ignorance
Qui faisoit les grands Sots, et non pas la Science.

CLITANDRE

Vous avez crû fort mal, et je vous suis garant
Qu'un Sot sçavant est sot plus qu'un Sot ignorant.

TRISSOTIN

Le sentiment commun est contre vos maximes,
Puis qu'Ignorant et Sot sont termes synonimes.

CLITANDRE

Si vous le voulez prendre aux usages du mot,
L'alliance est plus grande entre Pédant et Sot.

TRISSOTIN

La Sottise dans l'un se fait voir toute pure.

CLITANDRE

Et l'Etude dans l'autre adjouste à la Nature.

TRISSOTIN

Le Sçavoir garde en soy son mérite éminent.

CLITANDRE

Le Sçavoir dans un Fat devient impertinent.

TRISSOTIN

Il faut que l'Ignorance ait pour vous de grands charmes,
Puis que pour elle ainsi vous prenez tant les armes.

CLITANDRE

Si pour moy l'Ignorance a des charmes bien grands,
C'est depuis qu'à mes yeux s'offrent certains Sçavans.

TRISSOTIN

Ces certains Sçavans-là peuvent, à les connoistre,
Valoir certaines Gens que nous voyons paroistre.

CLITANDRE

Oüy, si l'on s'en rapporte à ces certains Sçavans ;
Mais on n'en convient pas chez ces certaines Gens.

PHILAMINTE

Il me semble, Monsieur

XXX.   13

CLITANDRE

Eh! Madame, de grâce,
Monsieur est assez fort sans qu'à son aide on passe :
Je n'ay déjà que trop d'un si rude assaillant ;
Et si je me défends, ce n'est qu'en reculant.

ARMANDE

Mais l'offençante aigreur de chaque repartie
Dont vous...

CLITANDRE

Autre second, je quitte la partie.

PHILAMINTE

On souffre aux entretiens ces sortes de combats,
Pourveu qu'à la Personne on ne s'attaque pas.

CLITANDRE

Eh! mon Dieu, tout cela n'a rien dont il s'offence ;
Il entend raillerie autant qu'Homme de France,
Et de bien d'autres traits il s'est senty piquer
Sans que jamais sa gloire ait fait que s'en moquer.

TRISSOTIN

Je ne m'étonne pas, au combat que j'essuye,
De voir prendre à Monsieur la Thèse qu'il appuye.
Il est fort enfoncé dans la Cour, c'est tout dit :
La Cour, comme l'on sçait, ne tient pas pour l'Esprit

Elle a quelque interest d'appuyer l'Ignorance,
Et c'est en Courtisan qu'il en prend la défence.

CLITANDRE

Vous en voulez beaucoup à cette pauvre Cour,
Et son malheur est grand de voir que chaque jour
Vous autres beaux esprits vous déclamiez contr'elle,
Que de tous vos chagrins vous luy fassiez querelle,
Et, sur son meschant goust luy faisant son procez,
N'accusiez que luy seul de vos meschans succès.
Permettez-moy, Monsieur Trissotin, de vous dire,
Avec tout le respect que vostre nom m'inspire,
Que vous feriez fort bien, vos Confrères et vous,
De parler de la Cour d'un ton un peu plus doux ;
Qu'à le bien prendre, au fond, elle n'est pas si beste
Que vous autres Messieurs vous vous mettez en teste ;
Qu'elle a du sens commun pour se connoistre à tout ;
Que chez elle on se peut former quelque bon goust,
Et que l'Esprit du Monde y vaut, sans flatterie,
Tout le sçavoir obscur de la Pédanterie.

TRISSOTIN

De son bon goust, Monsieur, nous voyons des effets.

CLITANDRE

Où voyez-vous, Monsieur, qu'elle l'ait si mauvais ?

TRISSOTIN

Ce que je voy, Monsieur, c'est que pour la Science

Rasius et Baldus font honneur à la France,
Et que tout leur mérite, exposé fort au jour,
N'attire point les yeux et les dons de la cour.

CLITANDRE

Je voy vostre chagrin, et que par modestie
Vous ne vous mettez point, Monsieur, de la partie;
Et, pour ne vous point mettre aussi dans le propos,
Que font-ils pour l'Etat vos habiles Héros?
Qu'est-ce que leurs Ecrits luy rendent de service,
Pour accuser la Cour d'une horrible injustice,
Et se plaindre en tous lieux que sur leurs doctes noms
Elle manque à verser la faveur de ses dons?
Leur sçavoir à la France est beaucoup nécessaire,
Et des Livres qu'ils font la Cour a bien affaire!
Il semble à trois Gredins, dans leur petit cerveau,
Que, pour estre imprimez et reliez en Veau,
Les voila dans l'Etat d'importantes Personnes;
Qu'avec leur plume ils font les destins des Couronnes;
Qu'au moindre petit bruit de leurs productions
Ils doivent voir chez eux voler les Pensions;
Que sur eux l'Univers a la veuë attachée;
Que par tout de leur nom la gloire est épanchée,
Et qu'en Science ils sont des prodiges fameux,
Pour sçavoir ce qu'ont dit les autres avant eux,
Pour avoir eu trente ans des yeux et des oreilles,

Pour avoir employé neuf ou dix mille veilles
A se bien barbouiller de Grec et de Latin,
Et se charger l'esprit d'un ténébreux butin
De tous les vieux fatras qui traisnent dans les Livres ;
Gens qui de leur sçavoir paroissent toûjours yvres ;
Riches, pour tout mérite, en babil importun,
Inhabiles à tout, vuides de sens commun,
Et pleins d'un ridicule et d'une impertinence
A décrier par tout l'Esprit et la Science.

PHILAMINTE

Vostre chaleur est grande, et cet emportement
De la Nature en vous marque le mouvement.
C'est le nom de Rival qui dans vostre ame excite...

SCÈNE IV

JULIEN, TRISSOTIN, PHILAMINTE, CLITANDRE, ARMANDE

JULIEN

Le Sçavant qui tanstost vous a rendu visite,
Et de qui j'ay l'honneur de me voir le Valet,
Madame, vous exhorte à lire ce Billet.

PHILAMINTE

Quelque important que soit ce qu'on veut que je lise,

Apprenez, mon amy, que c'est une sottise
De se venir jetter au travers d'un discours,
Et qu'aux Gens d'un Logis il faut avoir recours,
Afin de s'introduire en Valet qui sçait vivre.

JULIEN

Je noteray cela, Madame, dans mon Livre.

PHILAMINTE *lit.*

Trissotin s'est vanté, Madame, qu'il épouseroit
vostre Fille. Je vous donne avis que sa Philosophie
n'en veut qu'à vos richesses, et que vous ferez bien de
ne point conclure ce Mariage que vous n'ayez veu le
Poëme que je compose contre luy. En attendant cette
Peinture, où je prétens vous le dépeindre de toutes
ses couleurs, je vous envoye Horace, Virgile, Térence
et Catule, où vous verrez notez en marge tous les
endroits qu'il a pillez.

PHILAMINTE *poursuit.*

Voila, sur cet Hymen que je me suis promis,
Un merite attaqué de beaucoup d'ennemis ;
Et ce déchaînement aujourd'huy me convie
A faire une action qui confonde l'envie,
Qui luy fasse sentir que l'effort qu'elle fait
De ce qu'elle veut rompre aura pressé l'effet.
Reportez tout cela sur l'heure à vostre Maistre,
Et luy dites qu'afin de luy faire connoistre

Quel grand estat je fais de ses nobles avis,
Et comme je les crois dignes d'estre suivis,
Dès ce soir à monsieur je marieray ma Fille.
Vous, Monsieur, comme Amy de toute la Famille,
A signer leur Contract vous pourrez assister,
Et je vous y veux bien de ma part inviter.
Armande, prenez soin d'envoyer au Notaire,
Et d'aller avertir vostre Sœur de l'affaire.

ARMANDE

Pour avertir ma Sœur, il n'en est pas besoin,
Et Monsieur que voila sçaura prendre le soin
De courir luy porter bientost cette nouvelle,
Et disposer son cœur à vous estre rebelle.

PHILAMINTE

Nous verrons qui sur elle aura plus de pouvoir,
Et si je la sçauray réduire à son devoir.

Elle s'en va.

ARMANDE

J'ay grand regret, Monsieur, de voir qu'à vos visées
Les choses ne soient pas tout-à-fait disposées.

CLITANDRE

Je m'en vais travailler, Madame, avec ardeur
A ne vous point laisser ce grand regret au cœur.

ARMANDE

J'ay peur que vostre effort n'ait pas trop bonne issuë.

CLITANDRE

Peut-estre verrez-vous vostre crainte déçeuë.

ARMANDE

Je le souhaite ainsi.

CLITANDRE

J'en suis persuadé,
Et que de vostre appuy je seray secondé.

ARMANDE

Oüy, je vais vous servir de toute ma puissance.

CLITANDRE

Et ce service est seûr de ma reconnoissance.

SCÈNE V.

CHRISALE, ARISTE, HENRIETTE, CLITANDRE

CLITANDRE

Sans vostre appuy, Monsieur, je seray malheureux.
Madame vostre Femme a rejetté mes vœux,
Et son cœur prévenu veut Trissotin pour Gendre.

CHRISALE

Mais quelle fantaisie a-t-elle donc pû prendre ?
Pourquoy diantre vouloir ce Monsieur Trissotin ?

ARISTE

C'est par l'honneur qu'il a de rimer à Latin
Qu'il a sur son Rival emporté l'avantage.

CLITANDRE

Elle veut dès ce soir faire ce Mariage.

CHRISALE

Dès ce soir ?

CLITANDRE

Dès ce soir.

CHRISALE

Et dès ce soir je veux,
Pour la contre-quarrer, vous marier vous deux.

CLITANDRE

Pour dresser le Contrat, elle envoye au Notaire.

CHRISALE

Et je vay le quérir pour celuy qu'il doit faire.

CLITANDRE

Et Madame doit estre instruite par sa Sœur
De l'Hymen où l'on veut qu'elle appreste son cœur.

CHRISALE

Et moy, je luy commande, avec pleine puissance,
De preparer sa main à cette autre Alliance.
Ah ! je leur feray voir si, pour donner la loy,
XXX.   14

Il est dans ma Maison d'autre Maistre que moy.
Nous allons revenir, songez à nous attendre.
Allons, suivez mes pas, mon Frère, et vous, mon Gendre!

HENRIETTE

Helas ! dans cette humeur conservez-le toûjours!

ARISTE

J'employray toute chose à servir vos amours.

CLITANDRE

Quelque secours puissant qu'on promette à ma flame,
Mon plus solide espoir, c'est vostre cœur, Madame.

HENRIETTE

Pour mon cœur, vous pouvez vous assurer de luy.

CLITANDRE

Je ne puis qu'estre heureux quand j'auray son apuy.

HENRIETTE

Vous voyez à quels nœuds on prétend le contraindre.

CLITANDRE

Tant qu'il sera pour moy, je ne voy rien à craindre.

HENRIETTE

Je vais tout essayer pour nos vœux les plus doux;
Et, si tous mes efforts ne me donnent à vous,
Il est une retraite où nostre âme se donne,
Qui m'empeschera d'estre à toute autre Personne.

CLITANDRE

Veüille le juste Ciel me garder en ce jour
De recevoir de vous cette preuve d'amour !

PHILAMINTE
L'Epoux que je luy donne.
Est-Monsieur?

ACTE V

SCÈNE PREMIÈRE

HENRIETTE, TRISSOTIN

HENRIETTE

TRISSOTIN
Prenez, que je vous aye,
il n'importe comment.

'EST sur le Mariage où ma
    Mère s'apreste
Que j'ay voulu, Monsieur,
    vous parler teste-à-teste ;
Et j'ay crû, dans le trouble
    où je voy la Maison,
Que je pourrois vous faire
    écouter la Raison.
Je sçay qu'avec mes vœux vous me jugez capable
De vous porter en dot un bien considérable ;

Mais l'argent, dont on voit tant de Gens faire cas,
Pour un vray Philosophe a d'indignes appas,
Et le mépris du bien et des grandeurs frivoles
Ne doit point éclater dans vos seules paroles.

TRISSOTIN

Aussi n'est-ce point là ce qui me charme en vous ;
Et vos brillans attraits, vos yeux perçans et dous,
Vostre grâce et vostre air, sont les biens, les richesses,
Qui vous ont attiré mes vœux et mes tendresses ;
C'est de ces seuls trésors que je suis amoureux.

HENRIETTE

Je suis fort redevable à vos feux généreux.
Cet obligeant amour a dequoy me confondre,
Et j'ay regret, Monsieur, de n'y pouvoir répondre.
Je vous estime autant qu'on sçauroit estimer,
Mais je trouve un obstacle à vous pouvoir aimer.
Un cœur, vous le sçavez, à deux ne sçauroit estre,
Et je sens que du mien Clitandre s'est fait maistre.
Je sçay qu'il a bien moins de mérite que vous,
Que j'ay de méchans yeux pour le choix d'un Epous,
Que par cent beaux talens vous devriez me plaire ;
Je voy bien que j'ay tort, mais je n'y puis que faire,
Et tout ce que sur moy peut le raisonnement,
C'est de me vouloir mal d'un tel aveuglement.

TRISSOTIN

Le don de vostre main, où l'on me fait prétendre,
Me livrera ce cœur que possède Clitandre ;
Et par mille doux soins j'ay lieu de présumer
Que je pourray trouver l'art de me faire aimer.

HENRIETTE

Non ; à ses premiers vœux mon âme est attachée,
Et ne peut de vos soins, Monsieur, estre touchée.
Avec vous librement j'ose icy m'expliquer,
Et mon aveu n'a rien qui vous doive choquer.
Cette amoureuse ardeur qui dans les cœurs s'excite
N'est point, comme l'on sçait, un effet du mérite ;
Le caprice y prend part, et, quand quelqu'un nous plaist,
Souvent nous avons peine à dire pourquoy c'est.
Si l'on aimoit, Monsieur, par chois et par sagesse,
Vous auriez tout mon cœur et toute ma tendresse ;
Mais on voit que l'Amour se gouverne autrement.
Laissez-moy, je vous prie, à mon aveuglement,
Et ne vous servez point de cette violence
Que pour vous on veut faire à mon obeïssance.
Quand on est honneste Homme, on ne veut rien devoir
A ce que des Parens ont sur nous de pouvoir.
On répugne à se faire immoler ce qu'on aime,
Et l'on veut n'obtenir un cœur que de luy-mesme.
Ne poussez point ma Mère à vouloir, par son chois,

Exercer sur mes vœux la rigueur de ses droits.
Ostez-moy vostre amour, et portez à quelqu'autre
Les hommages d'un cœur aussi cher que le vostre.

TRISSOTIN

Le moyen que ce cœur puisse vous contenter ?
Imposez-luy des Loix qu'il puisse exécuter.
De ne vous point aimer peut-il estre capable,
A moins que vous cessiez, Madame, d'estre aimable,
Et d'étaler aux yeux les célestes appas... ?

HENRIETTE

Eh ! Monsieur, laissons là ce galimatias.
Vous avez tant d'Iris, de Philis, d'Amarantes,
Que par tout dans vos Vers vous peignez si charmantes,
Et pour qui vous jurez tant d'amoureuse ardeur...

TRISSOTIN

C'est mon esprit qui parle, et ce n'est pas mon cœur.
D'elles on ne me voit amoureux qu'en Poëte ;
Mais j'aime tout de bon l'adorable Henriette.

HENRIETTE

Eh ! de grâce, Monsieur...

TRISSOTIN

                    Si c'est vous offencer,
Mon offence envers vous n'est pas preste à cesser.

Cette ardeur, jusqu'icy de vos yeux ignorée,
Vous consacre des vœux d'éternelle durée;
Rien n'en peut arrester les aimables transports;
Et, bien que vos beautez condamnent mes efforts,
Je ne puis refuser le secours d'une Mère
Qui prétend couronner une flame si chère;
Et, pourveu que j'obtienne un bonheur si charmant,
Pourveu que je vous aye, il n'importe comment.

HENRIETTE

Mais sçavez-vous qu'on risque un peu plus qu'on ne pense
A vouloir sur un cœur user de violence;
Qu'il ne fait pas bien seûr, à vous le trancher net,
D'épouser une Fille en dépit qu'elle en ait,
Et qu'elle peut aller, en se voyant contraindre,
A des ressentimens que le Mary doit craindre?

TRISSOTIN

Un tel discours n'a rien dont je sois altéré.
A tous évenemens le Sage est préparé.
Guéry par la raison des foiblesses vulgaires,
Il se met au dessus de ces sortes d'affaires,
Et n'a garde de prendre aucune ombre d'ennuy
De tout ce qui n'est pas pour dépendre de luy.

HENRIETTE

En vérité, Monsieur, je suis de vous ravie;

XXX.   15

Et je ne pensois pas que la Philosophie
Fût si belle qu'elle est, d'instruire ainsi les Gens
A porter constamment de pareils accidens.
Cette fermeté d'âme, à vous si singulière,
Mérite qu'on luy donne une illustre matière,
Est digne de trouver qui prenne avec amour
Les soins continuels de la mettre en son jour ;
Et, comme, à dire vray, je n'oserois me croire
Bien propre à luy donner tout l'éclat de sa gloire,
Je le laisse à quelqu'autre, et vous jure entre nous
Que je renonce au bien de vous voir mon Epous.

TRISSOTIN

Nous allons voir bien-tost comment ira l'affaire,
Et l'on a là-dedans fait venir le Notaire.

SCÈNE II

CHRISALE, CLITANDRE, MARTINE
HENRIETTE

CHRISALE

Ah ! ma fille, je suis bien aise de vous voir.
Allons, venez-vous-en faire vostre devoir,
Et soûmettre vos vœux aux volontez d'un Père.
Je veux, je veux apprendre à vivre à vostre Mère ;

Et, pour la mieux braver, voila, malgré ses dents,
Martine que j'amène et rétablis céans.

HENRIETTE

Vos résolutions sont dignes de loüange.
Gardez que cette humeur, mon Père, ne vous change.
Soyez ferme à vouloir ce que vous souhaitez,
Et ne vous laissez point séduire à vos bontez.
Ne vous relâchez pas, et faites bien en sorte
D'empescher que sur vous ma Mère ne l'emporte.

CHRISALE

Comment! Me prenez-vous icy pour un Benest?

HENRIETTE

M'en préserve le Ciel!

CHRISALE

Suis-je un Fat, s'il vous plaist?

HENRIETTE

Je ne dis pas cela.

CHRISALE

Me croit-on incapable
Des fermes sentimens d'un Homme raisonnable?

HENRIETTE

Non, mon Père.

CHRISALE

Est-ce donc qu'à l'âge où je me voy
Je n'aurois pas l'esprit d'estre Maistre chez moy ?

HENRIETTE

Siffait.

CHRISALE

Et que j'aurois cette foiblesse d'ame
De me laisser mener par le nez à ma Femme ?

HENRIETTE

Eh ! non, mon père.

CHRISALE

Oüais ! Qu'est-ce donc que cecy ?
Je vous trouve plaisante à me parler ainsi.

HENRIETTE

Si je vous ay choqué, ce n'est pas mon envie.

CHRISALE

Ma volonté céans doit estre en tout suivie.

HENRIETTE

Fort bien, mon Père.

CHRISALE

Aucun, hors moy, dans la Maison
N'a droit de commander.

HENRIETTE

Oüy, vous avez raison.

CHRISALE

C'est moy qui tiens le rang de Chef de la Famille.

HENRIETTE

D'accord.

CHRISALE

C'est moy qui dois disposer de ma Fille.

HENRIETTE

Eh oüy.

CHRISALE

Le Ciel me donne un plein pouvoir sur vous.

HENRIETTE

Qui vous dit le contraire ?

CHRISALE

Et, pour prendre un Epous,
Je vous feray bien voir que c'est à vostre Père
Qu'il vous faut obeïr, non pas à vostre Mère.

HENRIETTE

Hélas ! vous flatez là le plus doux de mes vœux;
Veüillez estre obey, c'est tout ce que je veux.

CHRISALE

Nous verrons si ma Femme, à mes desirs rebelle...

CLITANDRE

La voicy qui conduit le Notaire avec elle.

CHRISALE

Secondez-moy bien tous.

MARTINE

Laissez-moy, j'auray soin
De vous encourager, s'il en est de besoin.

SCÈNE III

PHILAMINTE, BELISE, ARMANDE, TRISSOTIN
LE NOTAIRE, CHRISALE, CLITANDRE
HENRIETTE, MARTINE

PHILAMINTE

Vous ne sçauriez changer vostre stile sauvage,
Et nous faire un Contract qui soit en beau langage ?

LE NOTAIRE

Nostre stile est tres-bon, et je serois un Sot,
Madame, de vouloir y changer un seul mot.

BELISE

Ah ! quelle barbarie au milieu de la France !
Mais au moins, en faveur, Monsieur, de la Science,
Veüillez, au lieu d'écus, de livres et de francs,
Nous exprimer la dot en Mines et Talens,
Et dater par les mots d'Ides et de Calendes.

LE NOTAIRE

Moy ? Si j'allois, Madame, accorder vos demandes,
Je me ferois sifler de tous mes Compagnons.

PHILAMINTE

De cette barbarie en vain nous nous plaignons.
Allons, Monsieur, prenez la Table pour écrire.
Ah ! ah ! cette Impudente ose encor se produire ?
Pourquoy donc, s'il vous plaist, la ramener chez moy ?

CHRISALE

Tantost avec loisir on vous dira pourquoy.
Nous avons maintenant autre chose à conclure.

LE NOTAIRE

Procédons au Contract. Où donc est la Future ?

PHILAMINTE

Celle que je marie est la Cadette.

LE NOTAIRE

Bon.

CHRISALE

Oüy. La voila, Monsieur ; Henriette est son nom.

LE NOTAIRE

Fort bien. Et le Futur ?

PHILAMINTE

L'Epous que je luy donne

Est Monsieur.

CHRISALE

Et celuy, moy, qu'en propre personne

Je prétens qu'elle épouse est Monsieur.

LE NOTAIRE

Deux Epous!

C'est trop pour la Coûtume.

PHILAMINTE

Où vous arrestez-vous ?

Mettez, mettez, Monsieur, Trissotin pour mon Gendre.

CHRISALE

Pour mon Gendre mettez, mettez, Monsieur, Clitandre.

LE NOTAIRE

Mettez-vous donc d'accord, et, d'un jugement meûr,

Voyez à convenir entre vous du Futur.

PHILAMINTE

Suivez, suivez, Monsieur, le chois où je m'arreste.

CHRISALE

Faites, faites, Monsieur, les choses à ma teste.

LE NOTAIRE

Dites-moy donc à qui j'obeïray des deux.

PHILAMINTE

Quoy donc! vous combattrez les choses que je veux ?

CHRISALE

Je ne sçaurois souffrir qu'on ne cherche ma Fille
Que pour l'amour du bien qu'on voit dans ma Famille.

PHILAMINTE

Vrayment, à vostre bien on songe bien icy,
Et c'est là, pour un Sage, un fort digne soucy!

CHRISALE

Enfin, pour son Epous j'ay fait chois de Clitandre.

PHILAMINTE

Et moy, pour son Epous voicy qui je veux prendre :
Mon chois sera suivy, c'est un point résolu.

CHRISALE

Oüais! Vous le prenez là d'un ton bien absolu!

MARTINE

Ce n'est point à la Femme à prescrire, et je sommes
Pour céder le dessus en toute chose aux Hommes.

CHRISALE

C'est bien dit.

MARTINE

Mon congé cent fois me fût-il hoc,
La Poule ne doit point chanter devant le Coc.

XXX.   16

CHRISALE

Sans doute.

MARTINE

Et nous voyons que d'un Homme on se gausse
Quand sa Femme chez luy porte le Haut-de-chausse.

CHRISALE

Il est vray.

MARTINE

Si j'avois un Mary, je le dis,
Je voudrois qu'il se fît le Maistre du Logis.
Je ne l'aimerois point s'il faisoit le Jocrisse ;
Et, si je contestois contre luy par caprice,
Si je parlois trop haut, je trouverois fort bon
Qu'avec quelques soufflets il rabaissast mon ton.

CHRISALE

C'est parler comme il faut.

MARTINE

Monsieur est raisonnable
De vouloir pour sa Fille un Mary convenable.

CHRISALE

Oüy.

MARTINE

Par quelle raison, jeune et bien fait qu'il est,
Luy refuser Clitandre ? Et pourquoy, s'il vous plaist,

Luy bailler un Sçavant qui sans cesse épilogue ?
Il luy faut un Mary, non pas un Pédagogue ;
Et, ne voulant sçavoir le Grais ny le latin,
Elle n'a pas besoin de Monsieur Trissotin.

CHRISALE

Fort bien.

PHILAMINTE

Il faut souffrir qu'elle jase à son aise.

MARTINE

Les Sçavans ne sont bons que pour prescher en Chaise ;
Et pour mon Mary, moy, mille fois je l'ay dit,
Je ne voudrois jamais prendre un Homme d'esprit.
L'Esprit n'est point du tout ce qu'il faut en ménage ;
Les Livres quadrent mal avec le Mariage ;
Et je veux, si jamais on engage ma foy,
Un mary qui n'ait point d'autre Livre que moy,
Qui ne sçache A ne B, n'en déplaise à Madame,
Et ne soit, en un mot, Docteur que pour sa Femme.

PHILAMINTE

Est-ce fait ? et sans trouble ay-je assez écouté
Vostre digne Interprète ?

CHRISALE

Elle a dit vérité.

PHILAMINTE

Et moy, pour trancher court toute cette dispute,
Il faut qu'absolument mon desir s'exécute.
Henriette et Monsieur seront joints de ce pas ;
Je l'ay dit, je le veux : ne me répliquez pas ;
Et, si vostre parole à Clitandre est donnée,
Offrez-luy le party d'épouser son Aisnée.

CHRISALE

Voila dans cette affaire un accommodement.
Voyez : y donnez-vous vostre consentement ?

HENRIETTE

Eh ! mon Père !

CLITANDRE

Eh ! Monsieur !

BELISE

On pourroit bien luy faire
Des propositions qui pourroient mieux luy plaire ;
Mais nous établissons une espèce d'amour
Qui doit estre épuré comme l'Astre du Jour ;
La substance qui pense y peut estre reçeuë,
Mais nous en bannissons la substance étenduë.

SCÈNE DERNIÈRE

ARISTE, CHRISALE, PHILAMINTE, BELISE
HENRIETTE, ARMANDE
TRISSOTIN, LE NOTAIRE, CLITANDRE, MARTINE

ARISTE

J'ay regret de troubler un mistère joyeux
Par le chagrin qu'il faut que j'apporte en ces lieux.
Ces deux Lettres me font porteur de deux nouvelles
Dont j'ay senty pour vous les atteintes cruelles :
— L'une pour vous me vient de vostre Procureur;
— L'autre pour vous me vient de Lyon.

PHILAMINTE

                        Quel malheur
Digne de nous troubler pourroit-on nous écrire ?

ARISTE

Cette Lettre en contient un que vous pouvez lire.

PHILAMINTE

Madame, j'ay prié monsieur vostre Frère de vous
rendre cette Lettre, qui vous dira ce que je n'ay osé
vous aller dire. La grande négligence que vous avez
pour vos Affaires a esté cause que le Clerc de vostre
Rapporteur ne m'a point averty, et vous avez perdu
absolument vostre Procez, que vous deviez gagner.

CHRISALE

Vostre Procez perdu !

PHILAMINTE

Vous vous troublez beaucoup !
Mon cœur n'est point du tout ébranlé de ce coup.
Faites, faites paroistre une ame moins commune
A braver comme moy les traits de la Fortune.

Le peu de soin que vous avez vous couste quarante
mille écus, et c'est à payer cette somme, avec les dépens,
que vous estes condamnée par Arrest de la Cour.

Condamnée ! Ah ! ce mot est choquant, et n'est fait
Que pour les criminels.

ARISTE

Il a tort, en effet,
Et vous vous estes là justement recriée.
Il devoit avoir mis que vous estes priée
Par Arrest de la Cour de payer au plutost
Quarante mille écus et les despens qu'il faut.

PHILAMINTE

Voyons l'autre.

CHRISALE *lit.*

Monsieur, l'amitié qui me lie à Monsieur vostre
Frère me fait prendre intérest à tout ce qui vous touche.

Je sçay que vous avez mis vostre bien entre les mains
d'Argante et de Damon, et je vous donne avis qu'en
mesme jour ils ont fait tous deux banqueroute.

O Ciel ! tout à la fois perdre ainsi tout mon bien !

PHILAMINTE

Ah ! quel honteux transport ! Fy ! tout cela n'est rien.
Il n'est pour le vray Sage aucun revers funeste,
Et, perdant toute chose, à soy-mesme il se reste.
Achevons nostre affaire, et quittez vostre ennuy :
Son bien peut nous suffire et pour nous et pour luy.

TRISSOTIN

Non, Madame, cessez de presser cette affaire.
Je voy qu'à cet Hymen tout le Monde est contraire,
Et mon dessein n'est point de contraindre les Gens.

PHILAMINTE

Cette réflexion vous vient en peu de temps !
Elle suit de bien près, Monsieur, nostre disgrace.

TRISSOTIN

De tant de résistance à la fin je me lasse.
J'aime mieux renoncer à tout cet embarras,
Et ne veux point d'un cœur qui ne se donne pas.

PHILAMINTE

Je voy, je voy de vous, non pas pour vostre gloire,
Ce que jusques icy j'ay refusé de croire.

TRISSOTIN

Vous pouvez voir de moy tout ce que vous voudrez,
Et je regarde peu comment vous le prendrez ;
Mais je ne suis point Homme à souffrir l'infamie
Des refus offençans qu'il faut qu'icy j'essuye :
Je vaux bien que de moy l'on fasse plus de cas,
Et je baise les mains à qui ne me veut pas.

PHILAMINTE

Qu'il a bien découvert son ame mercenaire !
Et que peu Philosophe est ce qu'il vient de faire !

CLITANDRE

Je ne me vante point de l'estre ; mais enfin
Je m'attache, Madame, à tout vostre destin ;
Et j'ose vous offrir, avécque ma personne,
Ce qu'on sait que de bien la Fortune me donne.

PHILAMINTE

Vous me charmez, Monsieur, par ce trait généreux,
Et je veux couronner vos desirs amoureux.
Oüy, j'accorde Henriette à l'ardeur empressée...

HENRIETTE

Non, ma Mere, je change à present de pensée.
Souffrez que je resiste à vostre volonté.

CLITANDRE

Quoy ! vous vous opposez à ma félicité ?
Et, lors qu'à mon amour je voy chacun se rendre...

HENRIETTE

Je sçay le peu de bien que vous avez, Clitandre,
Et je vous ay toûjours souhaité pour Epous,
Lors qu'en satisfaisant à mes vœux les plus dous
J'ay veû que mon Hymen ajustoit vos affaires;
Mais lors que nous avons les Destins si contraires,
Je vous chéris assez, dans cette extrémité,
Pour ne vous charger point de nostre aversité.

CLITANDRE

Tout Destin avec vous me peut estre agréable;
Tout Destin me seroit sans vous insuportable.

HENRIETTE

L'Amour dans son transport parle toûjours ainsy.
Des retours importuns évitons le soucy.
Rien n'use tant l'ardeur de ce nœud qui nous lie
Que les fâcheux besoins des choses de la vie,
Et l'on en vient souvent à s'accuser tous deux
De tous les noirs chagrins qui suivent de tels feux.

ARISTE

N'est-ce que le motif que nous venons d'entendre
Qui vous fait résister à l'Hymen de Clitandre?

HENRIETTE

Sans cela, vous verriez tout mon cœur y courir;
Et je ne fuy sa main que pour le trop chérir.

XXX.   17

ARISTE

Laissez-vous donc lier par des chaînes si belles.
Je ne vous ay porté que de fausses nouvelles,
Et c'est un stratagéme, un surprenant secours,
Que j'ay voulu tenter pour servir vos amours,
Pour détromper ma Sœur et luy faire connoistre
Ce que son Philosophe à l'essay pouvoit estre.

CHRISALE

Le Ciel en soit loüé !

PHILAMINTE

J'en ay la joie au cœur
Par le chagrin qu'aura ce lâche Déserteur.
Voila le chastiment de sa basse avarice,
De voir qu'avec éclat cet Hymen s'accomplisse.

CHRISALE

Je le sçavois bien, moy, que vous l'épouseriez.

ARMANDE

Ainsi donc à leurs vœux vous me sacrifiez !

PHILAMINTE

Ce ne sera point vous que je leur sacrifie,
Et vous avez l'appuy de la Philosophie
Pour voir d'un œil content couronner leur ardeur.

BELISE

Qu'il prenne garde au moins que je suis dans son cœur.

Par un prompt désespoir souvent on se marie,
Qu'on s'en repent après tout le temps de sa vie.

CHRISALE

Allons, Monsieur, suivez l'ordre que j'ay prescris,
Et faites le Contract ainsi que je l'ay dit.

LES FEMMES SÇAVANTES

EXPLICATION DES PLANCHES

Notice. — En-tête. Bande ornementale. Au milieu, dans un écusson, doctement appuyée sur un livre, une tête d'âne couronnée de laurier, avec une plume à l'oreille et des lunettes sur le nez.

— Lettre S. Dans la lettre, une perruche savante, juchée sur un perchoir, entre un verre d'eau sucrée et un encrier.

— Cul-de-lampe. Au milieu de rinceaux, des livres, un encrier et des plumes, attributs de la science, dont la vue fait s'étirer et bâiller deux petits amours.

Faux titre. — *Les Femmes sçavantes*, comédie. Dans l'encadrement formé de rinceaux, des miroirs, attributs de la vérité, et une botte de chardons, emblème de la sottise.

Grand titre. — Dans le haut de l'encadrement, une oie, les ailes éployées, et perdant ses plumes, qui s'envolent à tous vents. Aux deux côtés, gravés sur des colonnes à chapiteaux corinthiens, les signes du zodiaque et d'autres signes astronomiques. Dans le bas, parmi des livres, un télescope, une sphère terrestre et une sphère céleste.

GRANDE PLANCHE. — Acte III, scène v. La querelle de Vadius et de Trissotin.

CADRE POUR LES NOMS DES ACTEURS. — Dans le haut, traversée par une bande de grelots, une lyre avec des têtes d'oie sur les bords. Aux deux côtés, des singes tenant des plumes d'oie. Dans le bas, deux singes savants occupés à se quereller.

ACTE I. — En-tête. Scène II. Clitandre déclare à Armande qu'il ne l'aime plus, et que son cœur appartient désormais tout entier à Henriette. Encadrement de rinceaux et de fleurs.

— Lettre Q. Scène I. Armande feint d'être scandalisée de la vulgarité des goûts et des sentiments d'Henriette, qui lui a dit que le mariage ne serait pas pour lui déplaire.

— Cul-de-lampe. Scène IV. Bélise insiste si fort sur l'amour dont elle se prétend l'objet de la part de Clitandre, que celui-ci, poussé à bout, lui déclare qu'il veut être pendu, s'il l'aime. Dans l'encadrement de rinceaux, des grelots et une marotte, attributs de la folie.

ACTE II. — En-tête. Scène VI. Se défendant en présence de Philaminte, de Bélise, et de Chrisale, la servante Martine dit : « Je parlons tout droit comme on parle cheux nous ; » et le solécisme de ce « je parlons » indigne de plus belle les deux *Femmes sçavantes*.

— Lettre O. Scène III. Bélise sort, exaspérée de ce que ses deux frères aient traité de « chimère » l'amour qu'elle croit que Clitandre éprouve pour elle.

— Cul-de-lampe. Scène VII. N'osant point s'en prendre directement à sa femme, Chrisale affecte de n'adresser qu'à sa sœur Bélise ses plaintes et ses remontrances sur l'envahissement de sa maison par la science. Au bas de l'encadrement, des livres, et parmi eux le « gros Plutarque » dont Chrisale voudrait se servir pour y « mettre ses rabats ».

ACTE III. — En–tête. Scène II. Devant Philaminte, Armande et Bélise qui se pâment, et Henriette qui détourne la tête en signe d'ennui, Trissotin récite son sonnet. Le « quoi qu'on die » provoque chez les trois *femmes sçavantes* des transports d'enthousiasme.

— Lettre A. Scène II. Lépine, le laquais de Trissotin, étant tombé par mégarde tandis qu'il apportait des sièges, Philaminte l'appelle « impertinent » pour avoir dérogé aux lois de l'équilibre.

— Cul-de-lampe. Scène VIII. Devant Armande et Ariste, Chrisale ordonne à sa fille Henriette de mettre sa main, en signe de fiançailles, dans celle de Clitandre. Dans l'encadrement, des nœuds, des anneaux de fiançailles, et une corbeille de fleurs.

ACTE IV. — En-tête. Scène IV. Philaminte enjoint à Julien, le laquais de Vadius, de rapporter à son maître qu'elle tient ses dénonciations pour non avenues, et que, « pour confondre l'envie », elle mariera ce soir-là même sa fille Henriette à Trissotin. Aux deux côtés de la scène, Armande et Clitandre.

— Lettre O. Scène II. Clitandre, entrant sans être vu, entend raconter par Armande à Philaminte, indignée, que vingt fois il a manqué à trouver beaux des vers qu'elle avait écrits.

— Cul-de-lampe. Scène VII. Henriette, à qui son père vient de promettre qu'il la marierait à Clitandre, prie son oncle Ariste de « le conserver toujours dans cette humeur » énergique. Dans le bas de l'encadrement, un amour éploré.

ACTE V. — En-tête. Scène III. Au milieu de la scène, devant une table, le notaire, mandé pour rédiger le contrat. A sa droite, Martine, puis Bélise, Ariste et Armande. Sur la gauche, Henriette et Clitandre. Philaminte et Chrisale, une main appuyée sur la table, désignent chacun de son côté au notaire le fiancé qu'ils veulent offrir à leur fille.

— Lettre C. Scène I. A Henriette, qui lui déclare qu'elle ne l'aime

pas, et qu'il devra la contraindre pour qu'elle l'épouse, Trissotin répond
que « pourvu qu'il l'ait », peu lui importera comment.

— Cul-de-lampe. Scène IV. Trissotin, qui croit Chrisale et Philaminte
ruinés, renonce à la main d'Henriette, se rappelant enfin, très à propos,
qu'elle lui a déclaré qu'elle ne l'aimait pas.

Achevé d'imprimer a Évreux
Par Charles Hérissey
Le douze Mai Mil huit cent quatre-vingt-seize

Pour le compte
de la Société du *Molière Illustré*

XXX.   18

www.ingramcontent.com/pod-product-compliance
Lightning Source LLC
Chambersburg PA
CBHW052101090426
42739CB00010B/2275